Navegar é Preciso

Conversas com Esther Frankel

Esther Frankel

Organização e entrevistas
Lícia Manzo

NAVEGAR É PRECISO

CONVERSAS COM ESTHER FRANKEL

1ª Edição
POD

K

Petrópolis
KBR
2011

Edição e revisão **KBR**

Editoração **APED**

Capa **Micael Hocherman Corrêa**

ISBN: 978-85-64046-62-7

KBR Editora Digital Ltda.

www.kbrdigital.com.br

atendimento@kbrdigital.com.br

24 2222.3491

150 – Psicologia

Esther Frankel é psicóloga formada em 1976 pela Universidade De Genebra, Suíça. É uma das pioneiras da psicoterapia corporal no Brasil; diretora da Escola de Biossíntese do Rio de Janeiro e trainer internacional em Biossíntese, ensinando em diversos países. Introduziu a Constelação Familiar de Bert Hellinger em nosso país em 1995, trazendo este psicoterapeuta pela primeira vez ao Brasil em 1999.

Site da Escola: http://www.biossintese.psc.br

Lícia Manzo é jornalista, escritora e roteirista da TV Globo. Sua tese de mestrado, *Era Uma Vez: Eu – A Não Ficção na Obra de Clarice Lispector*, foi indicada ao Prêmio Jabuti de melhor ensaio.

Foi também organizadora da coletânea de contos e crônicas Outros Escritos, de Clarice Lispector, editada pela Rocco.

Sumário

Introdução

Conheci Esther Frankel em março de 2003, em seu consultório no Rio de Janeiro. Confesso que na ocasião nada sabia sobre ela ou seu trabalho, exceto que indicara a uma amiga minha, sua cliente, a leitura de *Mulheres que Correm com os Lobos*, da psicanalista junguiana Clarissa Pinkola Estés. Eu havia acabado de devorar o livro, e ele havia me ajudado sob tantos aspectos que me agradou a ideia de procurar os cuidados terapêuticos de alguém que o estimava como eu. Mas isso era tudo.

Quando Esther entrou na sala para nossa primeira entrevista, esqueci imediatamente o livro. Estava diante de uma mulher muito viva, intensa, ativa, como se a palavra fosse pouco para ela. Um ano depois, quando me convidou para a feitura deste livro, percebi de imediato porque ela não o escrevera ainda, e sozinha: Esther parecia ocupada demais em clinicar, em viver, em estar com as pessoas e, de novo, me pareceu que não teria paciência para lidar meramente com palavras.

Como terapeuta e cliente, estamos trabalhando desde aquela primeira tarde de 2003: em atendimentos individuais, grupos, workshops, ou mesmo na Formação para Psicoterapeutas em Biossíntese mantida por ela e que frequentei por um período. Como entrevistadora e entrevistada estivemos juntas por três anos, do início de 2004 ao final de 2006, e sinto que dois livros se teceram durante todo este tempo. No primeiro, Esther ajudou a "reescrever" minha história, a deslindar seus conflitos. No segundo, enfrentei a difícil tarefa de tentar transpor para o papel o calor e a intensidade de seu trabalho e de sua vida. É importante ainda que se diga que este não é um livro técnico. E o fato de eu não pertencer à comunidade "psi" — sou escritora e roteirista — ajudou a determinar o tom que planejamos dar ao trabalho: o de uma conversa informal entre uma experiente terapeuta e uma pessoa comum, interessada em melhorar a qualidade de seus relacionamentos e de sua vida e, neste sentido, irmanada com os leitores que desejávamos atingir.

Na introdução de *Mulheres que Correm com os Lobos* Clarissa Pinkola Estés escreve que os lobos e as mulheres saudáveis têm certas características psíquicas em comum, "a intuição e a percepção aguçadas, o espírito brincalhão, a natureza curiosa, a determinação feroz, a capacidade de se adaptar a circunstâncias em constante mutação". À semelhança dos lobos que me conduziram a ela, Esther Frankel construiu sua trajetória que agora aparece recontada neste *Navegar é preciso*.

Boa leitura.

Lícia Manzo
Fevereiro de 2007

ORIGENS

É comum em biografias as pessoas citarem um evento, ou acontecimento, como fundadores ou determinantes de sua escolha profissional. Na sua vida houve algum acontecimento com essa importância ou você acha que aconteceu de modo mais fluido a sua escolha de se tornar terapeuta?

Acho que não foi nada fluido, foi complicado, porque eu tenho uma história de vida bastante conturbada. Sou a filha mais velha de uma judia polonesa que chegou órfã ao Brasil, após ter passado pelo campo de concentração de Auschwitz e sobrevivido, conseguido sobreviver. Então, é uma história dramática. E belíssima. Minha mãe se chamava Rachel e foi solta pelos alemães quando a guerra terminou. Havia sido presa não como judia, mas como polonesa, ou certamente não teria sobrevivido. Ela era loira de olhos azuis, então podia passar-se por polonesa, tinha papéis falsos. Quando a guerra começou tinha 14 anos, e quando foi liberada — junto com todos os prisioneiros de Auschwitz — tinha 18 e foi levada para a Suécia, onde foi adotada por uma família e, como a maioria dos prisioneiros adotados, começou a tentar descobrir se tinha sobrado no mundo alguém de sua família de origem. Localizou então um irmão de sua mãe que havia emigrado para o Brasil há anos, e decidiu vir atrás desse tio — que não a conhecia — por achar que isso teria um sentido de família para ela.

Vem para o Rio de Janeiro encontrar esse tio, a esta altura casado com uma mulher extremamente egoísta e mãe de dois filhos homens. Quando essa menina de 18, 19 anos — loira, bonita, mas órfã e muito vulnerável — chega aqui, essa tia fica omissa quando um de seus filhos tenta abusar dela, que sai então fugida dessa família e vai para São Paulo. E aí começa a minha história porque minha mãe, naturalmente, após tudo isso, precisava de certo modo de alguém que a "adotasse", e encontra então o meu pai, 20 anos mais velho, também judeu polonês, e carregando uma enorme culpa por não ter conseguido resgatar da Polônia sua mãe e seus irmãos: junta-se aí a fome com a vontade de comer.

Minha mãe chegou ao Brasil por volta de 1946, e meu pai em 1928. Meu pai se chamava Moysés e era um solteirão muito bem apessoado, um intelectual brilhante, cobiçado pelas mulheres, mas, possivelmente para se liberar de sua culpa, escolhe minha mãe, que na sociedade frequentada por ele estava longe de ser considerada adequada para ser sua esposa. Minha história começa com meu nascimento em 1948, um ano depois de terem se casado. Sou a mais velha e você imagina o início da minha vida! Minha mãe não era uma pessoa muito benquista; os sobreviventes da guerra eram vistos com desconfiança, as pessoas se perguntavam: "Como será que essa pessoa sobreviveu? O que terá feito para isso?"

Então a maior parte do tempo no Brasil a minha mãe chorava, e eu passei nove meses dentro do útero de uma mulher triste, deprimida. Mas, por outro lado, tinha uma coisa de que eu era muito esperada: meu pai tinha um irmão e uma cunhada que não tiveram filhos, então fui uma pessoa muito querida. Não fui filha apenas de minha mãe e do meu pai, mas também do meu tio e de minha tia, uma mulher fortíssima, apaixonada por mim, mas que não gostava da minha mãe. Então, tentando organizar, entender a minha mãe desde o início, desde pequenininha senti que era minha tarefa, reparei que minha mãe precisava de ajuda. Repa-

NAVEGAR É PRECISO – CONVERSAS COM ESTHER FRANKEL

rei também que tinha uma tia muito forte, então me identificava com ela e cuidava de minha mãe — eu não gostava muito de tê-la como mãe, naturalmente, mas ao mesmo tempo não permitia que ninguém a maltratasse! Eu era completamente doida, assim era eu! Era muito difícil, e penso que já ali aprendi a ser psicoterapeuta. Uma das coisas mais fortes de que me lembro era que eu tinha um sentido de realidade muito acurado, porque sentia que tinha que entender onde é que eu estava. Então eu olhava e dizia: "Mãe, é assim que as pessoas fazem, é assim que se arruma uma mesa. O ovo para ficar do jeito que eu quero tem que contar no relógio, ou usar uma ampulheta" — eu ensinava desde muito pequena, via na vizinha como era e mostrava pra ela. Era uma coisa!

E quantos irmãos você tem?

Somos quatro mulheres.

E alguma delas dividiu com você esse posto de responsável, provedora, ou ele se manteve exclusivamente seu? Como você acha que são distribuídos sutilmente esses papéis na família? Você acha que a mãe outorga o papel, ou é o próprio filho que...?

Minha mãe não outorgava coisa nenhuma, ela mal estava sobrevivendo, coitadinha. Ela estava no luto dela, nas coisas dela. Mas é claro que ao não outorgar ou decidir coisa alguma, estava deixando esse lugar em aberto, deixando vago esse papel e é natural que, a partir daí, alguém o ocupasse. E sinto que, possivelmente, por farejar a loucura da família, por ser sensível àquele ambiente, por uma capacidade precoce de entender, de perceber, acabei assumindo o posto. Acho que este seria o primeiro fato importante no que diz respeito à minha escolha futura de me tornar psicoterapeuta.

Depois as coisas foram aparentemente acontecendo na minha vida... Mas esse fato de ser tão menina e ao mesmo tempo tão adulta me fez perder muita coisa. Me fez perder, por exemplo, toda a poesia do que é ser uma criança. Minha segunda irmã, que é um ano e dez meses mais nova, conseguia se deitar no sofá e passar a tarde inteira lendo, ela não queria saber. E eu organizando, organizando a loucura.

E quando esse papel vira oficial? Quando você escolhe se tornar de fato uma terapeuta? Como é vista na sua família essa sua decisão profissional?

Quando escolhi ser terapeuta, acho que ninguém se deu conta. Ninguém soube direito. Acho que eles morreram sem saber muito bem.

Mas você tinha que idade quando seus pais morreram?

Eles morreram quando eu tinha por volta de cinquenta. Mas acho que nunca souberam muito bem o que me tornei, porque no fundo eu não queria que estivessem a par do que acontecia comigo. Tinha a sensação de que não dariam conta, eles me faziam acreditar nisso. Pareciam não dar conta nem do que estava acontecendo com eles, era tudo tão desesperado. Aliás, este é um fato comum à maioria dos sobreviventes do holocausto: por estarem emaranhados num passado traumático e em seus próprios sofrimentos, não conseguem perceber o que está acontecendo hoje e agora, no presente. E quando, mais velha, fui ler sobre as questões comuns à segunda geração do holocausto, vi que era normal evitar trazer problemas pra casa. Os pais estavam de tal modo imersos em suas histórias sofridas, que mal conseguiam ver o filho na frente deles, ou mesmo perceber sua história atual.

Alguns estudos também mostram que os sobreviventes que não se casaram imediatamente após o holocausto, esperaram algum tempo até estabelecer uma união, normalmente foram mais bem sucedidos em seus casamentos, porque era muito frequente nas pessoas que tinham sobrevivido a sensação de culpa, o autoflagelo, a humilhação — que iam contribuindo para o ódio de si próprio e para a raiva. Natural então que os filhos sentissem que precisavam, antes de mais nada, poupar e proteger seus pais de mais problemas, de mais sofrimento. Eu tinha tanto medo de causar mais dor que sentia que não devia dizer nada.

Mas, e quando você termina seus estudos? Resolve então sozinha que caminho tomar: entrar numa faculdade ou...?

Bom, eu fiquei no Brasil até os 18 anos, porque a essa altura eu já militava politicamente e fui morar por um ano no Uruguai. Militava em um movimento ligado a Israel, mas totalmente esquerdista. Morava em São Paulo e fui escalada para viver um ano em Montevidéu. Naquela época, havia vários refugiados políticos brasileiros por lá e através da Sueli Rolnik, que tinha sido minha colega no ginásio e fez uma visita ao Uruguai com alguns amigos, conheci o Darcy Ribeiro. Fiquei sabendo que ele era professor de Antropologia na Universidade e decidi ser aluna dele.

Foi um ano muito rico de estudo. Eu tinha 19 anos, nenhuma ajuda financeira e, até para pagar o apartamento onde morava, arrumei um emprego num jornal chamado "Haint" e outro como secretária do diretor de uma escola judaica. Eu morava com um amigo cinco anos mais velho do que eu, nunca vou esquecer. É meu amigo até hoje e mora em Milão. Eu morava no beliche debaixo e ele no de cima. Todo o meu dinheiro eu entregava para o movimento, e esse meu amigo também. E era assim, cada um com suas necessidades: se ele precisasse estudar, poderia usar o dinheiro para este fim, e eu também, se precisasse de alguma coisa. Me lembro também da minha ida para o Uruguai, eu saindo de casa, meu pai sem conversar comigo, minha mãe desesperada. Esse meu amigo uruguaio veio me buscar e eu fui embora, sem olhar para trás...

Primeiros Estudos

Você estava nos falando sobre o tempo em que, ainda muito jovem, viveu no Uruguai, militando politicamente. Após esse ano, longe de casa, você voltou para o Brasil?

Não, fui para Israel trabalhar em um kibutz, que era uma colônia socialista, igualitária, de acordo com meus ideais políticos. Mas acho que, em parte, minha ida para Israel tinha a ver com a história da minha mãe, porque quando eu era pequena ela chorava, dizia que não se sentia bem em São Paulo, que em Israel se sentiria melhor, mas nunca havia morado lá. Então fui para Israel com um grupo de amigos, entre eles o meu primeiro marido. Fui morar em Israel e meus pais vieram me visitar, só que eu já não pretendia ficar por lá. Morei em Israel por cinco anos, quer dizer, cheguei em 1968, aos 19, logo depois da Guerra dos Seis Dias. E quando meus pais chegaram, decidiram emigrar também e trouxeram minhas irmãs. Mas eu disse a eles: "Não venham por minha causa, venham por vossa causa porque eu estou indo embora". E fui para Suíça, continuar meus estudos.

Que estudos?

Bom, eu tinha ido para Israel para o trabalho no kibutz mas, quando cheguei, fiquei decepcionada porque me dei conta que mesmo lá havia exploração de mão-de-obra árabe, e decidi então procurar uma faculdade, uma universidade, e fui estudar Educação e História. Fiz o bacharelado em Educação e História, um mestrado em Educação — ainda em Israel — e um doutorado, também em Educação, na Suíça. Eu era muito jovem.

E esses estudos foram custeados pelos seus pais?

Eu era bolsista, sempre conseguia bolsas de estudo. Tive muita sorte, realmente. Estava no lugar certo, na hora certa. Recebi bolsa em Israel, depois uma bolsa para estudar na Suíça, era engraçadíssimo. Fui para a Suíça sem bolsa e então me inscrevi — era uma bolsa do governo suíço, igual ao Capes — e aí me perguntaram: "E se a gente não te der a bolsa?" Eu falei da situação do meu pai, que era imigrante e não tinha dinheiro para custear meus estudos, principalmente na Suíça. Mas falei que iria continuar meu trabalho, assim como meus estudos, de qualquer jeito, mesmo sem ajuda nenhuma. Daí eles gostaram muito e eu recebi a bolsa.

E a questão do idioma?

Eu dava aula de hebraico — porque tinha estudado numa escola judaica no Brasil — e sempre estudei inglês. Depois, antes de ir para Israel, tinha passado por Paris e passei alguns meses estudando na Aliança Francesa. Como tinha muita facilidade e bom ouvido, consegui fazer todos os meus estudos em Genebra em francês.

Isso, ainda na área de educação?

Ainda na área de educação, porque quando cheguei na Suíça decidi passar para psicologia. É que em Israel eu havia trabalhado um tempo com Educação Especial e também como Conselheira Educacional, o que é quase uma psicoterapia. Minha especialidade era aconselhamento, eu orientava as crianças, os pais e professores, e senti que me faltava o curso de psicologia. Então, quando fui para Genebra, vários cursos de educação eram reconhecidos por lá, e como Israel era muito bem cotado, fiz todos os cursos para terminar a Psicologia. E depois fiz um mestrado em Psicologia Clínica também.

E nas primeiras aulas de Psicologia Clínica que você frequentou? Você teve a impressão de que tinha se achado, que era aquilo mesmo, ou achou um pouco chato?

Achei chatíssimo. Não que fosse tão chato assim, é que era uma psicologia cognitiva, porque Genebra era piagetiana. Eu achei interessante, mas eram testes, testes operativos. E quando eu estava em Genebra já há uma semana, morando na cidade universitária e trabalhando como secretária lá mesmo, uma colega me falou de um judeu egípcio chamado Robert Hacco, que estava trazendo para Genebra uma mulher chamada Gerda Boyesen. A Gerda era uma psicoterapeuta reichiana, fundadora da Biodinâmica. Àquela altura eu não sabia quem era Reich, e muito menos quem era ela. A Gerda tinha a idade que eu tenho hoje, e estava vindo dar um workshop de Biodinâmica em Genebra. Então essa amiga me disse: "Você não faz doutorado? Não faz psicologia? Quem sabe você não vai gostar?" E então lá fui eu. E esse encontro com a Gerda Boyesen mudou a minha vida.

Era um workshop para estudantes?

Era um workshop, uma formação, só que muito mais intuitiva que a que dou hoje na minha escola, porque a Gerda dava ainda menos teoria. No primeiro dia, ela perguntou quem gostaria de ser trabalhado no colchão, no centro. E eu me voluntariei. Tinha 25 anos nessa época e nunca tinha feito terapia corporal, nem qualquer outro tipo de psicoterapia.

E como você diria que era o seu corpo na época? Se você fosse hoje observar a Esther de 25 anos que vai ali pro centro do colchão, como era o corpo dessa menina?

Eu acho que era um corpo muito pouco erotizado, um corpo assustado. Se você olhasse de fora, eu era até bonitinha, mas não se trata disso. Era um corpo inseguro, e não estou falando apenas do corpo físico, mas do corpo emocional. Fisicamente, esse corpo não tinha formas salientes, era um corpo com pouco contato, eu estava muito mais na cabeça, muito mais nas imagens do que no corpo naquela época.

É engraçado porque ao mesmo tempo em que você me diz isso, ouvindo a sua história, dá uma ideia de uma pessoa muito colocada, dinâmica. É curioso porque a sua trajetória externa não traduz muita insegurança...

Por um lado eu era arrojada, óbvio: viajava, fazia, acontecia... Mas se a trajetória externa não traduz insegurança, a mesma pessoa que faz essa trajetória tinha muito pouco contato com o *self* dela. E, graças a Deus, isso ajudou essa menina de alguma maneira a sobreviver, porque obviamente usei este curso no início como uma forma de psicoterapia.

A psicoterapia nessa época já era difundida?

Poucas pessoas faziam psicoterapia, e em Israel não faziam mesmo. Mas eu sentia que já estava mudando e, antes de ir para Genebra, comecei a perceber que não me nutria mais ter apenas uma vivência política externa, eu sentia que a política tinha que ser uma coisa que passasse por dentro. Os amigos que tinham emigrado comigo — até meu marido — comecei a achá-los desinteressantes, mecânicos, rígidos. As pessoas não tinham nuances. Comecei a me dar conta de que não se questionavam pessoalmente, não questionavam o machismo deles ou a relação com suas mulheres. E sentia que não podia ser assim, militância política versus autoconhecimento; uma coisa não podia — e não devia — excluir a outra. Se você faz política, você lida o tempo todo com o poder, o que é arriscado. Se você não se conhece e não trabalha o seu próprio narcisismo, há o risco de ser engolido pelo fascínio do poder. E comecei a ter problemas com meus amigos homens por perceber que não me levavam suficientemente a sério. Aparentemente, estávamos todos ali, aparentemente éramos todos iguais. Mas eles se julgavam melhores, e isso me incomodava. Sinto que ao fazer a trajetória que fiz, de alguma maneira, transformei alguma coisa em mim e comecei a criar uma autoridade interna. E não é que tenha feito algo visando isso, mas eu ganhei isso. Se tivesse ido estudar sociologia, eu dançaria, porque intelectualmente eles eram mais fortes do que eu. Mas a minha força sempre foi essa: meu pai era um intelectual brilhante e eu nunca seria como ele. Este então é um caminho autêntico meu, que sou mais parecida com a minha mãe. Minha mãe era extremamente intuitiva, inteligentíssima. Sabe o que é sobreviver ao que ela sobreviveu? Bárbara, maravilhosa! E eu não a respeitava em nada, certo, mas que hoje em dia eu sei quem ela era.

Por que você diz que não a respeitava em nada?

Porque eu a achava muito frágil, eu a via chorando e não me dava conta de que estava passando por tudo aquilo. Eu achava ela meio borderline, de certo modo meio que beirando a psicose, a esquizofrenia. E, ao contrário, ela tinha uma inteligência prática: quando eu precisava de alguma coisa objetiva, até dinheiro, ela sabia a quem pedir emprestado. Quer inteligência maior que a dessa mulher, sobrevivente de guerra, que aos 14 anos perde sua família e, ainda na floresta, como guerrilheira, ajudava as pessoas a conseguir documentos falsos? Era uma mulher de muito valor, mas eu não percebia, até porque tinha uma tia que de alguma maneira me usava contra ela...

Voltando ao seu encontro com a Gerda: aos 25 anos e sem nunca ter feito nenhum tipo de psicoterapia, você se voluntariou para ser trabalhada no centro da sala. Pode falar mais um pouco sobre este momento?

Era aquilo que eu precisava. Ela me pediu para bater com as pernas e os braços, como se estivesse correndo no colchão, aquela coisa da ativação. Comecei a correr, eram dezenove pessoas em volta, mas para mim só havia eu, correndo, e a Gerda. De repente, então, eu tinha novamente dois anos de idade e estava fugindo para o meu pai não me bater. Coitado, ele não era pra ser pai aos 40 anos, intelectual, brilhante, entende? E quando ele chegava em casa a minha mãe reclamava de mim, porque ela também não aguentava ser mãe. E então ele simplesmente me encurralava atrás de uma mesa, ia até lá e me batia. Mas ele queria bater na minha mãe, obviamente, e não em mim. E aí eu apanhava por ela, claro.

Essa foi a minha primeira sessão, nunca vou esquecer. Foram dois anos de trabalho com ela, que me trouxeram, pela primeira vez, a possibilidade de contato com meu próprio corpo, porque mesmo casada e tal, eu nunca tinha me tocado, não conhecia o meu corpo, nunca havia me masturbado ou mesmo me questionado sobre isso, de que eu poderia me tocar.

E você diria que, inicialmente, a descoberta de tamanha possibilidade de liberdade e autonomia, foi agradável ou assustadora para você?

No começo eu fiquei atônita, porque, apesar de todo mundo falar em cultura judaico-cristã, é mentira: a cultura judaica é de um jeito e a cultura cristã de outro. A cultura cristã fala "tira a mão daí, menino!". A cultura judaica não fala nem isso, não tem nem "tira a mão" porque não tem mão, não existe o corpo, ninguém fala sobre o corpo. A relação não tem toque, os pais não tocam os filhos. Eu estou falando nessa família, né?

Mas você acha que isso é comum às famílias judaicas?

Eu acho que essa questão da emigração, de não ter terra, de ser perseguido e ter que fugir de um país para o outro faz com que as pessoas se tornem muito duras. É um povo difícil, que tem medo de ser vulnerável, de depender, de precisar. E tudo o que eu falo é potencializado ao máximo, porque naquela época, em Israel, as pessoas eram duríssimas — ainda são, hoje em dia — mas eram duríssimas porque tinha a guerra anterior e depois mais guerra, guerra, guerra... Era um povo de guerreiros, e eu fui influenciada pela cultura brasileira, queira ou não queira, minha mãe foi naturalizada brasileira, meu pai nunca teve sotaque, falava português perfeitamente, então eu tinha a delicadeza brasileira. Os israelenses, se você parasse diante de uma vitrine, era assim: "É para olhar ou é para comprar?" Uma agressividade de um tamanho... Era terrível.

Voltando a seu primeiro contato com a Gerda, você estava dizendo que tem consciência de que usou aquela formação também como analisanda e de aquele encontro mudou a sua vida. Você pode falar um pouco então sobre o que foi modificado na sua trajetória profissional a partir daí?

Bom, depois do contato com a Gerda, começo a fazer psicoterapia. Mas àquela altura eu não sabia que ia me tornar terapeuta, fiz a formação porque queria sentir. Na verdade nunca fiz nada pensando no resultado, era o processo que interessava. É que, para muitos sobreviventes, os filhos são vividos como antídotos para o sentimento de culpa por terem sobrevivido. É como se eles olhassem para o filho e dissessem: foi por isso que eu sobrevivi. As crianças tem que ser especiais, vingar, redimir a imensa perda que os pais tiveram. E de um modo reativo, para não ter que me tornar essa "especialidade" que eles queriam, para não entrar no jogo, acho que nunca criei expectativas sobre mim mesma. Eu não queria ter que explicar ou justificar porque estava vivendo. E para não me submeter, me mantinha assim: despreocupada com os resultados e de olho no processo.

E sentia que o processo com a Gerda me fazia desenvolver muito. Acho que pela primeira vez me dei conta do quão pouco me conhecia, do quão pouco contato tinha com o meu corpo, com as minhas emoções, com a minha insegurança e com a minha segurança também. Do quão pouco contato tinha com a minha beleza, eu não sabia se era bonita porque pertencia a um movimento político, eu sabia que era bacana, "pau pra toda obra", mas não sabia que era interessante, que era desejada, ou que era uma mulher... Mesmo tendo um namorado que depois se tornaria meu marido, não me dava conta de que era uma pessoa atraente. Eu era, mas não tinha a mínima ideia. Lembro que meu primeiro marido, ele falava comigo assim: me dava uma cutucada e às vezes me chamava de "princesa" — que é uma coisa assexuada — ou senão de "rapaz". Ou era princesa ou era rapaz. Eu era como um colega, um cara. E aí, anos depois, fui me dar conta de que meus amigos me achavam bonitinha, gostosinha, mas eu não fazia ideia! Eu não tive infância, não tive adolescência, entendeu? Tive adolescência militante. Então fui questionar a monogamia, porque comecei a conhecer outras pessoas, a olhar para o lado. Comecei a namorar o meu primeiro marido com quinze anos, nós viajamos juntos quando eu tinha dezenove e aos trinta anos ainda vivia com ele. Então existia uma coisa monogâmica que tinha que ser questionada, e eu fui questionar. Ele foi a pessoa com quem me casei, de papel. Inclusive meu nome — Frankel — é o nome dele.

Quando nos separamos, perguntei se podia continuar com o nome e ele disse: "Você deu um sentido tão bonito pra esse nome, fique com ele, se é o que você quer." O meu sobrenome de origem é Hocherman, que em alemão significa "homem alto". Mas voltando à Gerda, acho que o trabalho com ela foi fundamental para o meu resgate como ser humano, como ser humano mulher: ela é uma mulher sensual, extravagante, muito feminina, se você ler o livro dela, *Entre Psique e Soma,* ela escreve lindamente, é um texto belíssimo onde ela vai falando da teoria, mas também da vida dela. É uma pessoa muito especial.

*E em algum momento, de certo modo, você teve medo ou
vontade de abandonar a novidade que aquilo tudo representava?
Ou você enfrentou de cara?*

O grupo da Gerda eu nunca tive vontade de abandonar.
Mas depois com o Jerome Liss, meu segundo professor, tive muita vontade. Ele era ainda mais catártico do que a Gerda. Através
do trabalho com ele acho que cheguei a ir além de alguns limites
meus, e teve um momento em que não aguentei, aí dei um pouco
pra trás.

O Jerome Liss e a Gerda eram ambos de psicoterapia corporal?

Sim. Todas as minhas formações foram reichianas.

E em Genebra você fez a Faculdade de Psicologia?

Sim, e ali estudei Piaget, academicamente, muito. A faculdade era totalmente piagetiana. Eu havia estudado Freud em Israel, na Faculdade de Educação. Mas nunca estudei Freud pra ser
analista, fui diretamente para Reich.

E você nunca fez uma análise freudiana?

Fiz, justamente em Genebra, quando comecei a trabalhar
com a Gerda, porque ela vinha apenas uma vez por mês e comecei a sentir necessidade de fazer uma psicoterapia. Paralelamente
à Gerda então comecei a fazer análise e fiz por muitos anos. Ao
todo devo ter feito quase 20 anos de análise. Em Genebra eu não
tinha a possibilidade de fazer psicoterapia corporal porque não
havia ninguém nessa área. Então eu participava de formações,
mas a terapia que fazia era psicanálise, sempre com psicoterapeutas abertos que não criticavam de maneira destrutiva as formações que eu fazia.

Eu gostaria que você falasse um pouco do trabalho com o Jerome Liss, e por que você diz que ele por vezes te levou além dos limites que podia suportar.

Vou tentar explicar. Me lembro, por exemplo, de um grupo com ele em que passei uma semana trabalhando na França — porque Genebra é muito perto da França — não me lembro a cidade. Nesse trabalho, o grupo decidiu ficar nu durante todo o processo. Eram experiências arrojadas, principalmente para mim que vinha de uma família reprimida, repressora, que nem corpo tinha, e de repente meu corpo estava ali: exposto para homens e mulheres. Eu fiquei quase dois anos neste trabalho com o Jerome, isso por volta de 1975. Ele fazia os encontros no mesmo lugar onde funcionava A Comuna de Viena, que era um movimento que questionava tudo: questionava o casal, questionava a maneira de vestir das mulheres, questionava as músicas, questionava a cultura. E era coerente, até o fim! Então, por exemplo, naquele espaço até os banheiros eram sem porta, eles viviam em comunidade, não existia terapeuta. O trabalho não tinha a ver com o Jerome, mas era nesse lugar que ele fazia os grupos, então tínhamos contato com eles e era uma loucura porque era um questionamento total, de tudo. Voltando ao trabalho com o Jerome, acho que em algum momento aconteceu comigo a angústia do "não-limite", e então dei uma cortada. Mas tanto o Jerome quanto a Gerda eram grupos de formação abertos, muito vivenciados e — eu diria — bastante avançados para a época.

Você acredita que para a psicanálise não morrer, não se estagnar, precisa manter vivo esse caráter de exploração?

Com certeza. Acho que Freud, hoje em dia, sinceramente, não seria freudiano. Porque acredito que ele era um homem muito mais ousado que os seus seguidores. Aí você poderia dizer: "E Reich, não?" Possivelmente, também. Mas Freud certamente não seria desse jeito.

E quando, ou como — a partir das formações com a Gerda e o
Jerome Liss — você começa a trabalhar como terapeuta corporal?

É curioso porque o tempo todo eu não pensava em trabalhar com isso. Estava escrevendo minha tese de doutorado na
Faculdade de Educação e fazia psicologia também. O orientador
da minha tese, Michael Hubermann, tinha uma escola — a Escola
Ativa — e eu trabalhava lá. Era uma escola fantástica, altamente
exploratória: a gente explorava as relações entre os professores,
a relação com os pais, com as crianças, os meninos escolhiam o
que iam estudar, escolhiam os monitores, era um trabalho todo
autorregulado, tinha uma coisa de auto-organização, era muito
bonito o projeto. Nessa época, o Paulo Freire estava em Genebra
e foi meu professor também, quer dizer, foi um período muito
rico. Mas eu nem pensava em trabalhar como terapeuta porque
em Genebra, com os médicos, por exemplo, era assim: primeiro
você fazia a faculdade de medicina, depois trabalhava anos num
hospital, e só depois de muito tempo, de muita experiência, é que
você ia abrir um consultório. Com os psicoterapeutas era a mesma coisa, e nunca pensei que fosse trabalhar tão rápido. Tudo pra
mim funcionava como minha terapia pessoal e eu não cogitava
trabalhar com isso, até que voltei para o Brasil em 1977.

Vida profissional

Após uma década vivendo no exterior, você terminou seus estudos. Por que você quis voltar para o Brasil?

Eu não *quis* voltar para o Brasil. Simplesmente o quadro era o seguinte: eu era casada com um brasileiro, nós moramos juntos em Israel, depois em Genebra e eu estava há 10 anos fora do país, tinha saído em 1967 para o Uruguai. Agora tinha concluído a faculdade, a bolsa havia terminado, meu relacionamento estava acabando e achei que tinha que voltar para o Brasil.

Seus pais estavam morando onde?

Meus pais estavam morando em Israel desde 1972, aproximadamente.

E havia a possibilidade de você voltar para Israel?

Havia, mas acho que vim para o Brasil reativamente, quer dizer: se meus pais estavam lá, eu estava do outro lado do mundo. Acho que antes do trabalho com a Gerda eu ainda estava presa na história de ter ido para Israel fazer o que a minha mãe queria.

Mas lá descobri que aquilo seria a morte para mim. E através da Gerda, acho que senti que poderia resgatar alguma coisa da minha alma — que era autenticamente minha — para além da dor de ter nascido filha de uma sobrevivente. Eu era alguém que tinha nascido do amor dos meus pais, da coisa mais bonita que eles tinham. E disse a mim mesma: já paguei minha cota, me privei da minha infância. E me dei alforria. Mas é curioso como, ao longo dos anos, sinto que houve uma ressonância muito grande entre o meu processo evolutivo e o processo evolutivo de meus pais, mesmo que a gente estivesse longe fisicamente.

Você pode explicar isso melhor?

Posso. Houve uma época em que eu estava trabalhando no Japão e ia muito para a Alemanha, porque sentia que era lá que tinha que buscar as origens dos meus problemas. E não deu outra. Na Alemanha constatei que a minha geração, a segunda ou terceira geração das vítimas depois de uma guerra — sejam judeus, índios exterminados, pessoas que sofrem repressão política, o que for — a segunda, a terceira, a quarta geração das vítimas sofre tanto quanto os filhos dos algozes. Os alemães da minha idade que encontrei eram tão comprometidos quanto os judeus da minha geração, cheios de culpas, doenças, mal resolvidos. Fui até menos atingida, porque os alemães vivem na Alemanha, os israelenses vivem em Israel — e eu nasci no Brasil, nasci fora do problema. Tenho a compreensão do problema, mas não o vivo todo dia. E numa dessas viagens que fiz para a Alemanha, fiz pela primeira vez um trabalho sistêmico. Depois de anos de psicoterapia analítica, depois de anos de psicoterapia reichiana, tinha uma coisa que eu não conseguia tocar, que era a minha relação com os mortos, com os mortos que estavam tão presentes na minha vida, ainda na vida intrauterina, e eu não conseguia chegar lá, mesmo. Então fui fazer um trabalho com um homem chamado Jacob Schneider — um dos seguidores de Bert Hellinger —, e esse trabalho foi outro salto muito importante na minha vida.

Você pode definir o que é "sistêmico"?

Posso. Um trabalho sistêmico é um trabalho de psicoterapia familiar que leva em conta que quem está doente não é o indivíduo, mas todo o sistema. O sistema está comprometido e então se começa a ver o que acontece nas relações desse sistema familiar. Existem várias escolas de sistêmica, mas este trabalho específico foi desenvolvido na Alemanha, porque se começou a ver que os alemães costumavam manter em segredo o que tinha acontecido durante a guerra — os pais não confessavam para os filhos que tinham sido nazistas — e essas famílias começaram a adoecer, os filhos adoeciam, os netos, doenças, tragédias, acidentes graves — tudo porque as coisas não eram explicitadas e então alguém da família terminava por seguir o destino trágico de alguma das vítimas. E por tudo isso, esse trabalho começou a me interessar muitíssimo. Houve uma sessão específica que foi muito importante, porque à medida que o terapeuta me perguntava quem era a minha família de origem, eu dizia: "Eu, meu pai, minha mãe e minhas irmãs", e colocava bonequinhos representando todos eles. E então esse terapeuta me fez ver que minha mãe estava colocada como se fosse uma das irmãs, como se minha mãe fosse minha irmã nesse sistema familiar. E então ele me perguntou: "Pra onde sua mãe está olhando?" E me dei conta de que a minha mãe não olhava para nós no sistema que organizei. "Ela está olhando para os mortos". E ele me perguntou: "Posso trazer os mortos para esta sala?" Eu disse: "Pode". E pela primeira vez os meus mortos tiveram uma identidade.

E isso, objetivamente, era representado por bonecos?

Por bonecos. Coloquei os mortos da parte da minha mãe, coloquei os mortos da parte do meu pai. Foi estranho para mim, porque o único que eu tenho um lugar para visitar dessa geração é o meu avô, que morreu do coração, o pai do meu pai. Então, se quiser, posso ir para Viena e procurar em um determinado cemitério — e sei que meu avô está sepultado lá. Mas a minha avó, os meus tios por parte de pai, muitos foram incinerados na câmera de gás, assim como toda a família da minha mãe. E normalmente, nestes casos, as pessoas que foram perdidas nestas circunstâncias não têm nome, não têm identidade. Mesmo que meu pai e minha mãe me contassem... eu, que recebi esta história, a recebi fragmentada, e então você fica fragmentado também. E ali, de repente, tinha conseguido organizar, remembrar a família, nomear cada um deles. Foi um ritual muito emocionante, a minha mãe me pegar pela mão e me apresentar a cada um dos seus familiares. Então pude me emocionar e chorar, e o terapeuta chorava junto, porque era alemão e sentia culpa por toda essa tragédia, e é claro que estava fazendo isso também para elaboração dele. Foi incrível aquela sessão! E mais incrível ainda foi que, assim que terminaram os trabalhos, telefonei para minha mãe, até para perguntar o nome das pessoas, para saber se tinha feito certo, quem era o primeiro irmão, quem era o segundo. E então ela me disse: "Minha filha, olha que coincidência! Nesta mesma hora estava aqui na minha casa alguém me entrevistando sobre a minha infância e minha juventude, sobre a época da guerra, para um documentário que vai ser produzido sobre o holocausto". A pesquisa foi feita pela equipe do Steven Spielberg, que estava realizando entrevistas com sobreviventes da Segunda Guerra nos quatro cantos do mundo, e minha mãe tinha sido entrevistada por eles naquele mesmo dia.

Você pode falar mais um pouco sobre como o trabalho que veio fazendo ao longo dos anos teve um papel auxiliar nesse contato restabelecido entre você e seus pais? Você falou em ressonância...

Claro. Minha mãe nunca foi uma pessoa ressentida, ela sempre me falava da família dela, do pai dela, de como ele era maravilhoso. E eu achava que, no fundo, ela queria insinuar que o pai dela era melhor que o meu. Eu não acreditava muito, na verdade. Mas depois fui fazer um estudo científico e descobri que as pessoas que tinham conseguido sobreviver após a guerra eram as que tinham memórias boas, recursos para se agarrar. E então era verdade que minha mãe tinha tido uma família muito bonita e uma infância muito boa também, dava pra ver porque ela era tão positiva! E outra coisa é que as amigas dela em Israel eram muito amarguradas e ela foi se afirmando por lá, foi ganhando lugar. Minha mãe cresceu muito depois que emigrou: ela morou em Israel por duas décadas e morreu com 70 e poucos anos. E é interessante como agora, mais madura, posso entender algumas coisas. Depois que fiz esse trabalho na Alemanha, participei de muitos encontros entre alemães e judeus, entre vítimas e carrascos, judeus americanos, judeus alemães, e costumávamos passar uma semana discutindo paz — paz interna, eram grupos de diálogo, de mediação de conflito. E o curioso é que nessa mesma época minha mãe e vários judeus foram convidados pela prefeita de uma cidadezinha na Alemanha — para onde os sobreviventes de Auschwitz tinham ido após serem libertados — para uma semana de conversa, de diálogo. Era uma tentativa de homenagear as vítimas, e minha mãe aceitou. Foi muito bom pra ela. Minha mãe e os demais judeus tinham saído de Auschwitz e seguido a pé até essa cidade. Muitos morreram ao longo da caminhada e minha mãe sobreviveu porque recebeu de volta uma bota tamanho 33 — que tinham tirado dela mas que ao final lhe devolveram porque só cabia no seu pé. E assim ela conseguiu cumprir a caminhada até a cidade antes de seguir para a Suécia, com os outros. Minha mãe não era uma pessoa rancorosa e acho que foi importante ela se permitir rever aquele mesmo lugar, tantos anos depois, a partir de um outro ponto. E acredito que tenha sido a partir de todo esse diálogo que fui trabalhando — e ela também —, que o contato entre eu e ela, de algum modo, foi se restabelecendo.

E o seu pai?

Eu me lembro de uma carta escrita por ele, já no fim da vida, quando começou a ter uma desconfiança saudável de certos traços do seu comportamento. Sabe o que é desconfiança saudável? É poder dizer assim: "se tivesse a lucidez que tenho hoje não teria te batido", isso ele começou a falar quando tinha 80 anos. Ele morreu aos 87. Ele dizia: "eu não teria te batido, teria conversado mais com você..."

Ainda com relação a seus pais, você estava contando que sua volta para o Brasil, em 1977, foi, de certo modo, reativa a eles. Eu gostaria que a gente voltasse então para este ponto: o seu retorno, dez anos depois, com os diplomas em psicologia e educação, e as especializações com Jerome Liss e Gerda Boyesen. Quando você veio no avião, pensava em fazer o que com isso?

Bom, em primeiro lugar eu vim de navio, uma semana de viagem. E, sinceramente, eu não fazia ideia do que ia ser da minha vida. Mas logo que cheguei, a Ana Verônica Mautner, que tinha sido orientadora vocacional da escola onde eu havia estudado, ficou sabendo do meu retorno e mandou me chamar. Ela havia se tornado uma famosa psicoterapeuta reichiana, e quando soube que eu estava de volta e tinha feito as formações com Gerda e Jerome Liss, me procurou. Então eu fui para São Paulo e disse a ela que tinha feito todos aqueles trabalhos, mas não me sentia preparada para começar a clinicar. Mesmo assim ela insistiu e me mandou um casal de homossexuais, dois homens, e comecei a atendê-los assim, de chofre. Foi deste modo que começou a minha clínica.

E você atendia onde?

Na minha casa, no Rio de Janeiro, num apartamento que passei a dividir com uma amiga logo que me separei. Isso foi em 1978, eu tinha trinta anos. Precisava ganhar dinheiro e então, ao mesmo tempo em que comecei a clinicar, procurei algumas universidades para tentar um emprego como professora. A amiga com quem eu dividia apartamento trabalhava na Gama Filho e então comecei a dar aula lá e também na PUC. Eu dava aula no curso de Educação e no Mestrado de Direito, e depois também na Psicologia, tudo isso na Gama Filho. Comecei a ganhar bem no mestrado, eles pagavam muito bem. Eu trabalhava com grupos enormes, fazia dinâmica de grupo, às vezes usava o psicodrama para trabalhar com grupos inteiros. Eu era muito jovem e passaram por mim centenas de advogados, promotores, juízes. Ao mesmo tempo, possivelmente um ano depois, comecei a dar aula no Mestrado de Psicologia da PUC e foi muito bom. Trabalhei na PUC até 1984. Depois parei, quando tive meus filhos. E comecei a atender com mais frequência, só que não tinha quem desse supervisão adequada para o trabalho que eu fazia. Era psicoterapia reichiana e por isso não fazia sentido pegar uma supervisão em psicanálise. Eu até fazia psicanálise na época com uma psicoterapeuta que foi muito importante para mim, a Susana Pravasz. Ela era argentina, judia, e me ajudou muitíssimo. Fui cliente dela por mais de dez anos. Era análise freudiana, mas muito aberta, avançada, não na forma, mas na concepção. Ela sabia do meu trabalho e me orientava a respeito, mas ainda assim comecei a me sentir esvaziada, sem estímulo.

Você estava contando desse primeiro casal que você atendia na sua casa. Isso progrediu? Você continuou atendendo? Ou na época você partiu mais para dar aula?

A partir deste primeiro casal eu fiz uma clínica enorme. A Ana Verônica Mautner me mandava muita gente, ela confiou em mim. E depois, na PUC, vários analistas, professores, colegas mais velhos, me recomendavam também. Eles não eram psicoterapeutas corporais, mas quando sentiam que isso seria adequado para algum cliente, o mandavam para mim. Na época não havia praticamente ninguém que trabalhasse com a metodologia da Gerda ou com a Bioenergética — era o início — e fui uma das pioneiras. Eu continuava atendendo em casa, mas, cerca de um ano depois, conheci uma pessoa — que é muito minha amiga até hoje — e alugamos um consultório, uma cobertura na Nossa Senhora de Copacabana onde começamos a atender juntas.

E nessa prática clínica, como você lidava com a falta de profissionais capazes de supervisionar o seu trabalho, já que você foi uma das primeiras psicoterapeutas corporais no Brasil?

De fato, comecei a sentir um vazio porque precisava de novo ver pessoas trabalhando com o corpo e não via. Mas eu tinha pessoas com as quais contava aqui e que foram preciosas para mim. A Norma Jatobá era uma psicodramatista bastante conhecida, bem mais velha que eu, e ela passou a me dar supervisão. Eu trocava muito também com a Liane Zink e a Sandra Guimarães — que eram minhas colegas, e nós conversávamos. Inclusive, alugamos juntas um consultório na Rua Carlos Góis, em frente ao Cinema Leblon, onde formamos uma clientela enorme. Tínhamos muitos grupos, tanto que acabamos expulsas dois anos depois, porque o movimento era grande demais para um prédio residencial. Isso foi em 1979. Então encontrei uma casa na rua Getúlio das Neves, fizemos uma reforma e passamos a trabalhar ali.

E vocês eram todos psicoterapeutas corporais?

A Liane Zink era psicodramatista, e ela, eu e a Sandra Guimarães havíamos feito uma formação com um psicanalista revolucionário chamado Emilio Rodrigué e a esposa dele, Martha Berlin. Os dois eram argentinos e havia ainda outra psicanalista argentina, Vida Saidon. Na época houve a imigração de excelentes psicanalistas argentinos que haviam deixado o país em que consequência da ditadura militar e vieram se refugiar no Brasil.

Vocês trabalhavam muito com grupos, não é? Em que medida este tipo de trabalho pode auxiliar a terapia corporal?

Em primeiro lugar, eu diria que o trabalho corporal vai direto ao assunto, e o fato de ser feito em grupo, sinergeticamente, faz com que a coisa se torne ainda mais forte. Podemos trabalhar em dupla, em trios, em quartetos, podemos fazer um trabalho no centro, e isso nos possibilita mexer com a estrutura dos padrões mais rápido que numa terapia individual, tête-à-tête. O trabalho em grupo é capaz de produzir uma força de cura incomparável. Ainda ontem acompanhei uma sessão onde uma moça entrou em contato com sentimentos difíceis a respeito de seu irmão suicida. Na sala havia cerca de 10 pessoas, todas identificadas com o seu drama, não apenas por ela, mas também por si próprias. Era uma experiência de tamanha comunhão que, de repente, formou-se ali um enorme caldeirão humano. E quando a sessão termina, a primeira coisa que peço é que todos compartilhem, para que a pessoa sinta que não existe ali um "observador" e um "observado". Todo mundo ali é terapeuta e é cliente. Uma das coisas que mais me incomoda num grupo é quando alguém diz "eu já passei por isso, eu sei o que é isso". Não existe "eu já passei por isso". Quando estou te contando a minha história, eu não *passei* por isso, eu *passo* por isso. Não existe passado, presente ou futuro. Eu sou esse sujeito.

Você estava dizendo que o trabalho corporal vai diretamente ao assunto. Fale um pouco mais disso...

Bom, sinto que o forte da psicoterapia corporal versus a psicanálise é que a psicoterapia corporal reichana tem a possibilidade de trabalhar via corpo. E o que significa trabalhar *também* via corpo? Significa mudar padrões de respiração, padrões de postura corporal, tomar consciência da forma como se está, ou seja, a noção de caráter e couraça que foi criada por Reich — que era psicanalista, mas a partir de um determinado momento passa a ser um psicoterapeuta ativo, no sentido de mexer na forma. A forma informa, há muita informação na forma. Reich começa a tratar não só dos sintomas; ele começa a perceber que as pessoas estão organizadas de forma caracteriológica. Então existia um determinado cliente que ele recebia e que era sempre gentil, parecendo um lorde inglês, não importa o que acontecesse; e havia ainda outro que tinha um comportamento explosivo, independente também do que ocorresse nas suas relações. Reich começou a chamar isso de caráter. E percebeu que havia uma relação entre esse comportamento repetitivo e a forma como esse indivíduo havia se organizado, ou seja: o "lorde inglês" era um homem esguio, sua respiração era curta, o modo como ele olhava, sua "forma", tinha muito a ver com o encouraçamento, tinha a ver com o caráter. A forma do corpo, da organização corporal, a forma da postura, estavam diretamente relacionadas com o comportamento. E os psicanalistas não olhavam pra isso.

Até que ponto você acredita que o aluno, o discípulo, o aprendiz, precisa se libertar de seu mestre e seguir o seu próprio caminho?

Bom, sempre me senti livre para ampliar o meu espectro. Não se tratava de romper: sempre fui muito grata a todos que me ensinaram, nunca me senti melhor que ninguém, mas me sentia livre. Então, se percebia que não cabia mais na Biodinâmica da Gerda — não se tratava de achar aquilo bom ou mal — simplesmente não era mais o que queria fazer. Tampouco queria ficar fazendo com os clientes exercícios que tirasse do bolso — como faziam muitos bioenergeticistas. Eu até usava esse tipo de trabalho na minha clínica, e me lembro de uma cena insólita do início da minha prática como psicoterapeuta corporal, muito ingênua ainda. Eu usava aquele banquinho, parecido com um cavalete, criado pelo Alexander Lowen, o *"stool"*. Todo mundo fez réplicas e tréplicas dele, era usado para abrir a respiração, e me lembro que recebi um cliente ainda no meu primeiro ou segundo ano de clínica. Ele havia sido torturado no período negro da ditadura e aí, na primeira ou segunda sessão, eu o coloco no banquinho pra respirar, porque todo mundo botava. O cliente se sentiu num pau de arara, naturalmente... e nunca mais voltou. Então eu também aprendi, a duríssimas penas, na minha própria prática, os perigos do tecnicismo. Eu posso ser psicoterapeuta corporal, receber um cliente, e acontecer de durante um ano eu não me aproximar nem tocá-lo fisicamente, porque é assim que o corpo dele precisa ser trabalhado num primeiro momento: no distanciamento. Então, através de todas essas histórias, fui percebendo que não podia caber numa caixa fechada e, coincidência ou não, em meio a isso tudo eu conheço o David Boadella, e vejo que ele não tem caixas fechadas. Ele me trouxe a possibilidade de trabalhar com um mapa aberto para todas as pessoas que eu recebesse. Então, até hoje, eu não rompi com ele nesse sentido, porque é um homem extremamente criativo.

Encontro com David Boadella

Gostaria que você falasse um pouco sobre seu encontro com David Boadella.

Na verdade, o primeiro encontro foi em 1980. Eu estava desesperada, aquela história toda que já contei, porque profissionalmente não tinha com quem estabelecer uma troca: eu vinha da Suíça com toda aquela formação, comecei a trabalhar e não havia um fórum de aprendizado. Então o David veio para o Brasil dar um workshop de uma semana na Bahia e algumas pessoas que sabiam que eu trabalhava com psicoterapia corporal — como a Geni Cobra, que tinha morado na Inglaterra e foi uma das primeiras psicoterapeutas corporais por aqui — me falaram: "Olha, estamos trazendo o David Boadella, ele trabalhou anos com a Gerda, vai te interessar." Então eu fui, mas não sabia muito sobre ele naquela época.

E esse encontro foi decisivo para mim, por muitas razões. Primeiro, pelo modo como ele lia a psicoterapia corporal: ele tinha uma leitura muito clara, e a grande crítica que se faz à psicoterapia corporal é a falta de princípios teóricos ricos, consistentes. O David possuía uma clareza e um conhecimento enorme de todo o desenvolvimento reichiano. Em segundo lugar, este encontro, ainda que de modo indireto, foi para mim uma retomada do que eu havia vivenciado como aluna do Paulo Freire na Faculdade de Educação em Genebra, e que tanto havia me encantado. É que a metodologia do Freire em Educação é paralela à metodologia do David em termos de psicoterapia corporal. Com o Freire, todo o material sobre o qual se construía a alfabetização e o processo formativo do sujeito em relação ao mundo era gerado a partir da experiência e do conteúdo do próprio sujeito, e não de um método "formatado", de fora para dentro. E quando descobri a metodologia do Boadella, imediatamente me remeti ao trabalho do Freire pelo qual havia me apaixonado anos antes.

O David fundou a Biossíntese em que ano?

Bom, eu diria que ele organizou mesmo o trabalho dele de 1980 a 1986. Foram os anos em que fui aluna dele. Ele já tinha todo um trabalho desenvolvido, mas ainda não o chamava de Biossíntese.

Você está ressaltando no trabalho do Freire este processo vivo, passível de ocorrer de um modo diferenciado, sem engessar o aluno numa metodologia pré-estabelecida. Mas se na psicanálise tradicional também é resgatada a história de cada paciente, em que a Biossíntese se distingue em termos de uma aproximação possível com o trabalho do Paulo Freire?

Eu diria que a psicanálise trabalha com o inconsciente, mas não leva em conta uma dimensão ainda mais profunda, num nível uterino, que é a da intencionalidade. A psicanálise tradicional não aborda o fato de que determinados traços estão organizados no nível dos padrões musculares, neurobiológicos — enquanto nós não só levamos isso em conta, como procuramos mexer em cada cliente a partir de seus próprios padrões. Um exemplo: através de ultrassonografias, já podemos hoje identificar padrões de comportamento na vida uterina. Há um trabalho feito por Alessandra Piontelli, uma psicanalista italiana, que estuda padrões intrauterinos comparando-os posteriormente ao comportamento das crianças observadas. Ela observa irmãos gêmeos e percebe distinções no comportamento de cada um, tais como: se um tende a ficar encolhido, o outro parece "flutuar" repetidamente em direção ao primeiro, tentando de algum modo estimulá-lo. Foi observado então que esses padrões tendiam a se perpetuar na vida extrauterina. E acho que só agora a psicanálise está começando a se antenar com isso — o que nós já fazemos há cerca de 40 anos.

Você estava contando sobre o seu encontro com o Boadella e todo o entusiasmo que ele provocou em você...

É verdade. Outra coisa que me encantou foi o respeito com que ele trabalhava com as pessoas: ele não invadia, mas, ao mesmo tempo, não abandonava. Não "quebrava" as couraças, não enfiava o dedo para "quebrar" uma pessoa. Porque na Bioenergética botava-se a mão num determinado lugar de encouraçamento, onde era uma coisa muito dura, até a pessoa chorar e relaxar. E o David, não: ele tinha uma maneira tão mais delicada e eficaz de abordar o cliente! Ele tinha clareza, profundidade, pra mim foi como um encontro existencial. Quando o conheci, ele vinha de uma história difícil, tinha perdido uma filha num incêndio, e nessa época estava viajando por 26 países. Ele passava a vida praticamente viajando, quem sabe era uma maneira de, por um lado, fugir, e por outro, lidar com a dor. Mas outra coisa que me chamou a atenção foi a maneira como ele fazia a leitura corporal. A maioria dos terapeutas fazia da seguinte forma: olhava para você e dizia "seu tronco é assim, seu braço é assado" — o que de alguma maneira confrontava a pessoa. O David me ensinou a fazer de forma diferente: ele espelhava as pessoas. Ao invés de dizer "você é assim...", ele corporificava a pessoa. E eu percebi que queria trabalhar desta forma: não queria mais confrontar o caráter, queria trabalhar ajudando a pessoa a abrir mão de suas defesas para poder voltar à amplitude das suas expressões e do seu movimento, e o David foi essencial nesse sentido. Outra coisa que me tocou especialmente foi observar que, ao trabalhar com uma pessoa, o mundo acabava: ele estava totalmente presente, inteiro no que estava fazendo: era ele e a pessoa, mesmo com 20 pessoas em volta. Reinava um silêncio, só existia aquilo: ele curando aquela pessoa. Havia um momento de cura, e a sensação que eu tinha é que aquilo não se passava só a nível físico, como posso explicar? É como se ele conseguisse ajudar a pessoa a voltar para aquele lugar da ferida e, a partir daí, ver como curar aquela ferida. Ele entrava naquilo de uma maneira...

Essa qualidade de atenção, essa capacidade de estar plenamente presente, de não estar fora em nenhum momento... isso se aprende?

Olha, durante muito tempo eu me fiz essa mesma pergunta, mas com o passar dos anos, sinto que fui desenvolvendo essa qualidade.

E o que você acha que teve que superar em você mesma para poder chegar a isso?

É uma ótima pergunta. Acho que isso a gente desenvolve com meditação, com centramento... é um trabalho evolutivo. Acho que passa por um contato com a minha autoridade interna, pelo contato com a minha coluna, com a minha respiração. Mas sinto que tenho que superar coisas em mim todos os dias, para voltar a esse contato. Como é que posso dizer isso? Passa por uma maneira de lidar com o mundo que está mais segura, menos assustada, que vou construindo também no meu encontro com o cliente, mas muito no meu encontro comigo mesma, o tempo todo. E tem coisas que não sei explicar. Por vezes me sinto em sintonia tão forte com a pessoa que estou atendendo, com a intencionalidade essencial dela, com a minha intencionalidade essencial... mas para trabalhar nesse nível você tem que ser espinozista.

Por que você está citando Espinoza?

Por causa do que ele chama de "conatus". E também por causa da ética da alegria. A propósito, vou contar uma história que se passou com o meu avô — pai do meu pai — porque ele também professava a "ética da alegria". Meu avô paterno era rabino e foi um homem muito interessante. Ele era um "dayan" [juiz] — na cultura judaica e o especialista capaz de autorizar que tipo de alimento pode ser comido. É que existem certos rituais e então, por exemplo, uma galinha que fosse ser morta tinha que passar pelas mãos dele: se ela estivesse com algum ferimento então não seria considerada "kosher", ou seja, apta a ser comida. A galinha tinha que estar perfeita, porque é assim na tradição do judaísmo. E então meu avô era um especialista em dizer se a galinha estava ou não apta. Ele fazia assim (e nisso acho que somos muito parecidos): se ele olhava para a família e via que eram pobres e que certamente não teriam o que comer, então (não é que ele fizesse vista grossa, ele apenas usava a ética da alegria, porque o ético é o que compõe com alegria) ele dizia que a galinha era "kosher", ou seja, apta para ser comida. E essa é uma definição possível para a ética da alegria, quer dizer, quando falo em ser "espinozista" estou falando no sentido de ter uma visão positiva, de acreditar na vida. De saber que, se você trabalha com uma pessoa, por mais comprometida, ela pode voltar a pulsar. Você dá um suporte ali, outro aqui... e a própria capacidade da pessoa, de se restaurar e se regenerar, fará com que ela dê saltos. Isso é ser espinozista. Porque Espinoza via o poder criativo no processo formativo. Ele falava das virtudes como ações da alma, que seriam como correntes profundas que visam preservar o nosso ser e realizar o propósito do nosso *self*. Aliás, *Correntes da Vida* é como se chama o livro que o Boadella escreveu. Porque o David acredita nessas correntes: onde existe vida, ele costuma dizer, existem correntes. O cliente que chega à terapia não está morto. No meio das cinzas existem centelhas.

Ainda sobre o que estávamos falando, a conquista dessa qualidade de contato com um cliente. Pode acontecer do profissional se confrontar com uma pessoa pela qual não tenha empatia?

Claro. E você vai ter que ser verdadeiro.

Mas como ser verdadeiro mantendo uma isenção, uma ética profissional, e não entrando por um campo pessoal?

É que nesta profissão você empresta a sua pessoa. O que você não pode é atuar as suas coisas em cima do outro, mas você empresta a sua pessoa o tempo todo.

Empresta a quem?

Você empresta a sua pessoa a esse relacionamento. Vamos dizer o seguinte — vou pegar um exemplo não-clínico —, como uma mãe com o seu filho: a mãe, num sentido metafórico, empresta o corpo ao amamentar o filho, ela empresta seu peito. O filho está inteiro, mamando o peito dessa mãe que também está inteira, amamentando. Mas vamos dizer que essa mãe tenha sensações eróticas e erógenas ao redor do bico do peito enquanto amamenta. A mãe terá então que aprender a traduzir essas sensações em cuidados para o seu bebê. O centro é o bebê e ela não pode usá-lo para fins libidinosos, mesmo que sinta essas coisas. Ela não pode misturar, assim como esses subsistemas não podem se misturar. E então, numa relação entre terapeuta e cliente, o terapeuta está inteiro, mas numa relação assimétrica.

A gente, de certo modo, está aqui falando de talento pra ser terapeuta. Existe talento para ser analisando?

Penso que não. Acredito que não seria razoável pensarmos num determinado padrão para ser analisando.

Mas é possível um terapeuta recusar um determinado paciente?

É possível, sim. Estou me lembrando de uma cliente — ainda no início do meu trabalho — que me disse que ia viajar para a Inglaterra, passar de um a dois anos, ela era muito jovem. E eu falei: "Acho mais importante você viajar para Inglaterra do que fazer terapia, acho que você vai aprender mais coisas viajando, acho que está faltando experiência para você. Vá viver!"

É, mas no caso você apontou outro caminho terapêutico. Mas já aconteceu de você sentir que não havia alquimia, ou que era impossível para você atender uma determinada pessoa?

Sim, claro. Normalmente, quando isso acontece, eu encaminho a pessoa para outro profissional. Mas já ocorreram situações difíceis, porque pode acontecer de você se confrontar com uma pessoa extremamente manipuladora. E normalmente essas pessoas não chegam à terapia, mas quando chegam tendem a querer manipular também o espaço terapêutico. E estou me lembrando de uma ocasião, quando uma dessas pessoas — após ter ido embora — me telefonou meses depois dizendo que estava mal, e que precisaria voltar. Meu primeiro impulso comumente seria dizer que sim, mas eu disse: "Preciso pensar." E pensei, me aconselhei com outro colega, conversei muito, refleti. E fui completamente obsessiva, ao invés de ser impulsiva para lidar com esta pessoa. E então, quando ela me telefonou para saber a resposta, eu disse: "Não posso te atender." Ela me perguntou ainda se poderia lhe indicar alguém. E minha resposta foi: "Eu não posso te indicar ninguém. Sinto muito." E quando desliguei o telefone, senti que nunca havia sido tão terapêutica com alguém.

Você quer dizer então que existem diversas formas possíveis de intervir, é isso?

É, de intervir. Foi uma intervenção. E isso eu fui aprendendo ao longo da vida, porque quando jovem eu tinha a coisa do *"furor curandis"*, quer dizer, achava que dava jeito em todo mundo, mas não dou. Não dou jeito em todo mundo.

Mas às vezes fica uma sensação de frustração? Porque você pode sentir uma impossibilidade no cliente, mas também pode esbarrar numa impossibilidade sua...

Minha, de não poder ajudar essa pessoa, claro.

E até que ponto a relação é bilateral — o terapeuta é capaz de curar, elucidar processos seus através dos cuidados e observações dos seus pacientes?

Eu acho que o processo é bilateral sim, a nível interno e a nível subjacente, mas o espaço é do cliente. O terapeuta não vai ficar fazendo um processo de cura ali, ele não pode usar o espaço para fazer isso. Mas de forma não-direta, é claro que acontece. Por exemplo, estou precisando melhorar minha relação com o meu filho de 23 anos, e aí me aparece um cliente dessa idade. Isso pode ocorrer, naturalmente. Estou pensando também em mim, num determinado momento, como uma mulher erótica, quando me aparece uma cliente de 60 anos, que durante anos não tinha tido sexualidade com o marido. Era uma mulher que tinha sofrido uma perversão muito grande, e agora estava com um amante, uma mulher muito inteligente. Então ela começa a me trazer todos os livros eróticos que estava pesquisando, e que lia com o amante, então eu dizia pra ela: "Isso me interessa muito!" Às vezes ela fotocopiava e me deixava cópias dos livros. Então era muito interessante acompanhá-la, e eu a ajudava, mas estava me beneficiando muito também.

Por falar em literatura, pude perceber, em diversos atendimentos seus, que você costuma incorporar à sua prática outros recursos, como música, pintura, meditação, dança, poesia. Em que medida isso é uma alquimia sua?

Em grande medida, e isso tem a ver com o fato de eu acreditar que nós somos multidimensionais, o que me leva a pensar o seguinte: através de que linguagem posso ter acesso a determinada pessoa? Porque algumas se sensibilizam mais com a música, outras com a pintura, outras com a dança, outras com a poesia. A poesia também seria uma forma de fala coerente, quando você consegue sair da confusão e ir para a essência — a poesia está falando mais ou menos disso. Mas, sobretudo, acredito que todas são formas de se chegar ao sagrado, para que a pessoa possa, de algum modo, voltar a pulsar. Preciso então descobrir por onde é que vou estabelecer um diálogo com essa pessoa, por onde é que vou ajudá-la, e ver se, de algum modo, eu posso seduzi-la, levá-la a abandonar suas estratégias neuróticas, suas repetições polares. É que nós, seres humanos, diferente dos animais, temos memória, consciência. E então guardamos o medo, as vergonhas. Elas ficam grudadas na gente e por conta disso, muitas vezes, utilizamos 30% do nosso potencial, ou menos até. Então, se o objetivo é ajudar essa pessoa a utilizar seu potencial inteiro, é preciso conhecer muita coisa. Não poderia ficar aprisionada num arcabouço teórico, nem ter nenhum tipo de resposta prévia.

Freud dizia não existir literatura, só autobiografia. Segundo ele, toda literatura era uma regressão a serviço do ego, e a todo momento persistiam as perguntas: A que estado o autor está voltando? Do que ele está fugindo? Por quê? Você parece concordar com ele quando me diz que a leitura, o cinema e as artes em geral costumam ter um papel auxiliar nos seus processos terapêuticos...

Com certeza. O tempo todo eu pergunto a meus clientes se viram tal filme, pergunto qual o último filme visto por eles, ou mesmo peço que leiam um determinado livro e me digam depois como a leitura os afetou, esse tipo de coisa...

E que livros foram importantes para você? Você citou determinados encontros profissionais — como a Gerda e o Boadella —

como decisivos ou fundamentais na sua vida. O que teria vindo da literatura para você, e não do contato direto com uma pessoa? Você é uma leitora assídua?

Tem épocas que sim e outras que não. Mas, de um modo geral, aprendo mais com as pessoas do que com os livros, ainda que determinadas leituras tenham sido — e ainda são — muito importantes. Agora mesmo terminei de ler um romance que me impressionou muitíssimo: o *Ensaio sobre a Cegueira*, do José Saramago. Neste livro, ele narra em detalhes, e obsessivamente, o processo de desumanização e entorpecimento do ser humano. Penso que com ele o Saramago previu o comportamento humano dentro da globalização, da falta de solidariedade da globalização. Porque se acreditamos e cultuamos o "homem de sucesso", quando acontece o fracasso não sobra nada: é como se não existisse a essência das pessoas. Se você não é um homem de sucesso, é como se você não fosse nada, é isso o que tentam vender pra gente. Você fracassou, você é sub-humano e, a partir daí, é natural que as pessoas passem a se comportar como tal. E o Saramago percebe que esta cegueira era contagiosa, muito poucos escapavam da perda dos olhos e da sensibilidade: o homem como lobo do homem. É um livro assustador, tão assustador quanto a realidade.

Gostaria de cair em outro assunto agora: crises profissionais. Em que tipo de encruzilhada ou impasse você já se viu na sua trajetória profissional? Como lidou com elas, ou foi capaz de superá-las?

Eu diria que de sete em sete anos é comum eu entrar em algum tipo de crise relacionada a meu trabalho. Quando terminei o treinamento com o Boadella — trabalhei seis anos com ele após o workshop da Bahia — acho que ocorreu uma dessas crises. É que ali eu tinha aprendido tanta coisa... mas até tudo aquilo entrar dentro de mim, até poder fazer as coisas daquele jeito — eu tinha que me transformar. De algum modo eu percebia que ainda trabalhava muito de fora para dentro, e o próprio David havia me dito, anos antes, que se eu quisesse trabalhar a minha densidade, se quisesse entrar em contato com uma dimensão mais sutil, deveria fazer Kum Nye, que era uma forma de meditação. Fui então trabalhar com o budismo tibetano e, por sorte, na época, um dos líderes do Kum Nye, Arnaud Maitland, estava vindo de Berkeley para um workshop e fiz um trabalho com ele. Tempos depois, chega de Berkeley a Eleonora Furtado, professora de Kum Nue, interessada em dar aulas, e a convidei para trabalhar no meu consultório.

E o que o Kum Nye e a meditação te deram, que você não tinha?

Me deram a possibilidade de penetrar na dimensão bioespiritual da Biossíntese. Me recordo que fiz um workshop incrível com o Arnaud Maitland sobre vida e morte. E foi ali que comecei a entender a dimensão do espaço — porque existe o pequeno espaço e o grande espaço, assim como existe a pequena e a grande morte. Comecei a trabalhar com a dimensão da terra e, principalmente, com a dimensão da luz, e foi como se pudesse reencontrar uma dimensão que já possuía — a da minha alma —, mas era como se até então eu a desconhecesse ou tivesse medo de entrar em contato. E toda esta crise ocasionou este aprofundamento, assim como anos antes eu tinha ido para os Estados Unidos fazer trabalhos com o Alexander Lowen e com os discípulos dele — Frank Hladky, Ronald Robbins, Stanley Keleman; fui conhecer o trabalho que se faz em Esalen, um centro de psicologia humanista na Califórnia; o trabalho do Ken Dychtwald, que escreveu *Corpomente*. E sinto que, apesar de hoje usar a Biossíntese como base para o meu trabalho, nunca fiquei presa a um teórico ou outro. E ao observar cada um dos seguidores reichianos, percebo que cada um se desenvolveu numa determinada direção: alguns direcionam mais seus trabalhos para a mente; outros para o movimento ou a couraça muscular; e outros — como a Gerda — trabalham mais com a respiração ou com a couraça visceral.

E após a crise que te levou a este aprofundamento — através da meditação e da busca das raízes da psicoterapia reichiana — a que "terra firme" você chegaria novamente? Ou, perguntando de um outro modo: após toda essa viagem, aonde você aportaria?

Bom, dois psicoterapeutas que haviam feito a formação do Boadella comigo — Liane Zink e Rubens Kignel — resolvem, em 1987, abrir o Instituto de Biossíntese no Brasil. E o David escreve então o nome de uma pessoa que eles deveriam convidar, e essa pessoa era eu. Fiquei emocionadíssima. Acho que havia uma coisa transferencial muito forte ali para mim, como um resgate do paterno. Eu, que tinha rompido com meu pai quando saí para o Uruguai, escrevo uma carta para o David, e escrevo chorando. Me lembro que o papel ficou todo borrado, e eu dizia o quanto estava honrada, o quanto havia lutado para ser sozinha e autônoma e que, pela primeira vez, iria trabalhar em nome de alguém. E então nós criamos o Instituto Brasileiro de Biossíntese, em 1987/1988.

E você passa a trabalhar no Instituto a partir de então?

Sim, até 1991, quando o Milton Corrêa, meu marido, foi convidado para fazer um doutorado em Portugal e me perguntou se eu gostaria de acompanhá-lo. Eu estava há 14 anos trabalhando no Rio de Janeiro, com uma clínica muito forte montada, mas senti que seria outra oportunidade de renovação. Eu já clinicava há muitos anos, mas continuava sem ter muito com quem trocar. E pensei que seria uma oportunidade de ter acesso novamente ao que se estava fazendo na Europa.

E como foi profissionalmente para você em Portugal?

Foi a melhor coisa que poderia ter feito, embora tenha sido difícil, porque assim que cheguei percebi que Portugal ainda era pré-psicanalítica. Os teatros não utilizavam a linguagem psicanalítica, a população não utilizava nenhuma linguagem psicanalítica. Portugal ainda não tinha entrado no Mercado Comum, ainda estava em cima da carroça. Havia alguns terapeutas de Bioenergética por lá, mas era muito fraco ainda. De qualquer modo, fiquei sabendo que um grupo de terapeutas estava indo fazer supervisão na Espanha. Me convidaram para participar e eu fui. Havia um supervisor francês que nos orientava, e tive então a oportunidade de ver o que os colegas estavam fazendo. Uma das coisas que mais me chamou a atenção foi quando vi um colega trabalhando: era tudo o que eu não queria fazer! Vi o vídeo de um atendimento: uma cliente vinha, chorava, se descabelava, e o terapeuta lá, ouvindo. Passados uns 10 minutos, o terapeuta se levanta e diz: "Bem, vamos trabalhar!" Ou seja, o sofrimento, a ansiedade da cliente, tudo que foi expresso antes, não era trabalho.

A partir daí, sinto que fui desenvolvendo uma visão muito crítica das coisas. Onde via muito tecnicismo, pensava: "Estou fora!" Para mim, o mais importante é sempre o que a pessoa está trazendo. Se o cliente está trazendo a coisa numa determinada direção, aí mesmo está a solução, e não na cabeça do terapeuta. E me chamou a atenção o seguinte: como é que pessoas com histórias, contextos, crenças, esperanças, formas corporais diferentes, podem ser trabalhadas da mesma forma? Não é possível você repetir o mesmo trabalho!

É curioso porque você disse que a ida para Portugal foi a melhor coisa que poderia ter te acontecido. Mas ao mesmo tempo, profissionalmente, o panorama que você descreve não parece ser dos mais animadores...

Sim, é claro, mas como Portugal é muito perto do resto da Europa, tudo parecia estar à mão. E me dei conta de que tinha um trabalho para oferecer às pessoas e, como falava diversas línguas, Portugal foi como um trampolim: comecei a trabalhar no mundo todo — França, Espanha, Israel, República Tcheca e Eslováca, Japão. E em Portugal mesmo, para suprir o que não existia, terminei eu mesma oferecendo alguns cursos às pessoas, até que o David me outorgou a responsabilidade de fundar uma Escola de Biossíntese em Portugal, o que terminei fazendo também em Israel.

E esses dois institutos existem até hoje?

Sim. E são dirigidos por mim.

E após a fundação dos dois institutos, no começo dos anos 1990, você volta para o Brasil?

Volto, e resolvo fundar aqui também — e desta vez, sozinha — a Escola de Biossíntese do Rio de Janeiro. Isso foi em 1998. Convidei o Milton para ser diretor científico da escola, e desde então estamos trabalhando.

Gostaria que você falasse um pouco sobre a entrada do Milton na sua vida...

Pois é: contrariamente ao que muitas pessoas dizem, a nossa parceria profissional não é prejudicada pelo fato de sermos casados — e vice-versa. O Milton chegou na minha vida quando meu filho mais velho tinha meses, embora eu o tenha conhecido dois anos antes. Na verdade, o conheci antes de conhecer o pai do meu filho, Romel Alves Costa. Eu estava participando de um workshop com uma psicoterapeuta corporal americana no Rio de Janeiro e o Milton também fazia parte dessa turma. Nós nos conhecemos e eu o achei interessante, só que, àquela altura, estava inteiramente indisponível para uma relação saudável com alguém. Estava me separando do meu primeiro marido e completamente fragmentada. Então, eu e ele nos perdemos de vista, e só viemos a nos reencontrar dois anos depois, quando eu tinha acabado de ter meu primeiro filho.

Que idade você tinha quando seu filho nasceu?

Eu tinha 33 anos e havia conhecido o pai do meu filho, o Romel, na Bahia, no mesmo workshop em que conheci o David Boadella. Era um homem interessantíssimo e acho que foi realmente a primeira paixão que tive, até porque já estava mais segura para afirmar esta paixão. Tivemos uma relação forte e, em pouco tempo, descobri que estava grávida. Então ele me disse: "Nunca na vida pensei em ter um filho, mas se tivesse pensado, queria que fosse nas circunstâncias que estamos atravessando e com uma mulher como você". Fiquei muito emocionada, mesmo sabendo que não ficaríamos juntos e que não deveria estabelecer uma dependência afetiva numa situação que não poderia ser recíproca. Decidi então fazer a tal viagem para os Estados Unidos — onde fui trabalhar com o Lowen e seus discípulos —, e em cada workshop que fazia, havia este propósito de autonomia e independência. Sinto que foi fundamental para mim, porque voltei completamente modificada. Eu estava grávida, mas em nenhum momento me senti sozinha: estava cercada de amigos, eles participaram do meu parto. Não me sentia mãe solteira, nada disso, tudo tinha sido opção minha. Eu poderia ter tido um filho com o meu primeiro marido, com quem me casei de véu e grinalda, mas foi escolha minha ter tido um filho com o Romel. E é claro que aceitaria se ele não quisesse ter um filho, mas foi opção dele também. Então foi muito bom, porque estava tudo inteiro. O Branno nasceu em 1981 e, poucos meses depois, eu e o Milton nos reencontramos, e sinto que o modo como eu lidava com o meu filho — porque se tinha que trabalhar, levava-o para o consultório e a secretária cuidava; se tinha que viajar para uma palestra, ele vinha comigo e eu o amamentava —, enfim, acho que o Milton ficou muito encantado com isso, porque ele vinha de uma família mineira, matriarcal, onde tudo parecia tão complicado... acho que essa simplicidade e essa descomplicação fez com que ele se apaixonasse pelo Branno e por mim. Nós estamos juntos há vinte e quatro anos, e tivemos mais dois filhos: Jonas e Micael. E juntos dirigimos a Escola de Biossíntese do Rio de Janeiro.

Biossíntese

A ntes de abordar o trabalho da escola, gostaria que você falasse um pouco mais sobre a Biossíntese e de que modo ela difere das outras formas de psicoterapias corporais.

Penso que situar a Biossíntese como uma forma de psicoterapia corporal é altamente empobrecedor — porque ela é uma psicoterapia multidimensional. A Biossíntese é corporal, mas trabalha também o nível relacional e espiritual, no sentido de que a pessoa não tem apenas a neurose: ela continua em contato — mesmo que escondido — com sua essência e sua pulsação básica.

Uma das descobertas mais importantes da neurociência hoje diz respeito à confirmação do modo de funcionamento de nossa memória, pois já se sabe que as estruturas cerebrais essenciais para a formação da memória consciente não funcionam durante os dois primeiros anos de vida. As vivências desse período não ficam registradas no cérebro, mas no corpo. Na Biossíntese, que é uma psicologia pré e perinatal, como isso é abordado?

É curioso observar como hoje a neurociência está confirmando diversas afirmações não só feitas por Freud — que em

1923, em *O ego e o Id*, já sustentava que o eu é acima de tudo corporal —, mas por Reich, por Lowen e, principalmente, por Boadella quando fala da vida intrauterina, onde ele reconhece três tipos de memória: a memória da pele, a memória dos movimentos e a memória do afeto umbilical — que são as sensações do feto justamente no centro de seu corpo, nessa ligação mãe-bebê.

Em Correntes da Vida, o Boadella escreve que a maioria das pessoas tem a primeira experiência de memória consciente por volta dos dois anos e que a psicanálise nunca penetrou no tempo decorrido até essa idade, porque sua ferramenta é a linguagem. Quais são então as ferramentas da Biossíntese — para além da linguagem — capazes de penetrar nesses primeiros períodos?

Respiração, movimento, toque físico, toque para além do físico: o contato ocular, por exemplo, é um toque, um tipo de toque. Vou tentar exemplificar a partir de um filme muito interessante que assisti recentemente na televisão. É a história de uma família que tem que emigrar às pressas na época em que os russos invadem a Hungria. E uma mãe, dilacerada pela dor, vê-se obrigada a deixar para trás um bebê — que é adotado então por outra família. Na verdade, este bebê deveria emigrar para reencontrar a mãe em Viena uma semana depois, mas ela percebe que a pessoa que fará esse trajeto com seu filho terá que ocultá-lo num saco e sedá-lo para que adormeça — então naturalmente existia o risco de ele não sobreviver. Esta mãe desiste então de tentar trazê-lo deste modo, mas o que acontece é que este bebê nunca mais consegue sair, ficando separado por 16 anos de sua verdadeira família, que acaba tendo que emigrar para os Estados Unidos. Então, quando essa criança — já adolescente — reencontra sua mãe, ela não consegue compreender que essa é a mãe dela, e apresenta comportamentos extremamente autodestrutivos: fuma, bebe, pratica sexo sem nenhum cuidado — é autodestrutiva mesmo, pois quer machucar a mãe e acaba se machucando muito. Em Biossíntese, essa adolescente poderia ser trabalhada através do toque, do olhar, na tentativa de reevocar memórias da mãe cuidando dela quando bebê, cheiros, reevocar memórias da separação, mesmo que fosse através desse afeto ainda muito primitivo. Porque, óbvio, quanto mais precoce a interferência, mais complexo é o caso. E aqui estamos falando de uma separação muito precoce. O bebê humano é o animal mais dependente de todos: durante 18 meses ou pelo menos um ano, é ainda inteiramente dependente da mãe. E por isso, tomamos este primeiro ano de vida como uma gestação extrauterina. Nos mamíferos, as lambidas da mãe preparam o animal para a autonomia e para a vida. Nós, humanos, fazemos isso através do olhar, do toque. E se esse cuidado é interrompido precocemente, o indivíduo fatalmente se ressentirá da ausência deste suporte. Existe um estudo sobre o fenômeno do hospitalismo, feito por René Spitz, demonstrando que por mais que os bebês recebessem tratamentos adequados nos hospitais, se não houvesse uma figura constante, substitutiva da mãe, eles morriam como se fossem mosquitos, um atrás do outro. O vínculo, a dependência afetiva — e não apenas a material — é fundamental. Porque é através do outro que eu existo.

Mas o seu comentário de que "quanto mais precoce, mais complexo o caso", parece se referir também à questão da ausência de linguagem verbal — nossa ferramenta oficial, de adultos — característica deste período.

Claro, e é por isso também que as doenças desenvolvidas nesse período são mais graves, como a psicose, a personalidade limítrofe e, em alguns casos, até mesmo o autismo. Bruno Bettelheim descreve que ao tratar crianças autistas sentia muitas vezes que o problema eram seus pais, ou suas dificuldades de contato. Numa sociedade como a nossa, onde as famílias são extremamente autistas, acredito que, muitas vezes, o problema possa ter origem relacional.

Voltando ao caso da adolescente, personagem do filme que você estava citando: suponhamos que ela estivesse em atendimento na Biossíntese e de fato, através de um determinado toque ou exer-

cício, conseguisse entrar em contato com alguma memória primiti-
va. O que ocorreria então: ela deveria tentar trazer essa memória
para o campo da palavra? Expressá-la através da linguagem? Ou o
fato de ela ter, ainda que de modo não-verbal, entrado em contato
com isso dentro dela seria suficiente para que tomasse consciência
do que precisaria ser superado?

É importante que, em algum momento, ela tome consciência e possa verbalizar, para tornar-se capaz de utilizar futuramen-
te essa memória e tomar decisões a partir dela. Num primeiro
momento, o toque funciona no sentido de fazer com que a energia flua, circule, para que se estabeleçam pontes entre o pensar e
o sentir. O toque seria uma dimensão de baixo, mais primitiva, e
é importante fazer uma tradução ascendente — ou seja, no caso
da adolescente de que estamos falando, que ela se conscientizasse
dessa lembrança em seu corpo —, traduzir as sensações em imagens, em linguagem:

"Como você se sente com esse tipo de toque?"
"Me sinto quente."
"Onde?"
"Na área do peito."
"E qual a cor que você pode ver aí?"

É importante uma tradução ascendente — do corpo para a
linguagem — para que possa haver uma integração. Você precisa
lembrar para que possa então redecidir. É como se, a partir dessas
memórias agora conscientizadas, você pudesse dispor de uma autonomia. À medida que trabalha em direção à cura, uma pessoa
que tem um comportamento autodestrutivo — seja com drogas,
bebidas, relacionamentos que não lhe fazem bem — poderá redecidir se quer continuar vivendo desse modo: "O que quero levar para a terapia? O que quero levar para a minha vida? Desejo
continuar investindo em relacionamentos que me esvaziam e me
fazem mal? Desejo, para me acalmar, continuar comendo ou be-
bendo em excesso?" É como se a pessoa pudesse então, dispondo
de maior clareza e consciência, se autopossuir. Mas para que isso
aconteça, ela terá que ser capaz de recontar sua história. E no caso

da adolescente de que estamos tratando, a questão é que ela contava para si própria uma história de abandono. De repente, ao voltar para a Hungria e reencontrar a avó, escuta uma história diferente, que não era de abandono, era a história real de uma mãe heroica que sofreu durante dezesseis anos com a separação dessa criança. E ela foi capaz de recontar então sua história de outra maneira, o que modificou inteiramente seu destino.

Reich desenvolveu o uso do toque para trabalhar diretamente sobre o que ele chamou de "couraça muscular" — os padrões de defesa. Mais tarde, escolas de terapia corporal desenvolveram uma grande variedade de formas de toque, também procurando atuar nesse sentido. Você pode citar os quatro tipos de toques desenvolvidos por David Boadella na Biossíntese e como ele propõe utilizá-los?

O David fala de quatro tipos de toque, e eles são bastante claros. O primeiro é o toque terra, para conscientizar a pessoa de que ela também é músculo, sangue, ossos, enfim, o objetivo é corporificar a pessoa. O segundo — polar a este primeiro — é o toque água, para que pessoas muito densas e rígidas possam se sentir mais fluidas, mais soltas. O toque fogo é o terceiro, para pessoas que se sentem frias e não conseguem ficar com as extremidades quentes. E o quarto é o toque ar, que tem a ver com o ritmo respiratório de cada um. Então, naturalmente, pessoas diferentes necessitam de diferentes tipos de toque, e o que é bom para um pode ser veneno para o outro e vice-versa. Numa pessoa muito etérea, por exemplo, se você utilizar um tipo de toque suave, como uma pluma — que poderia ser um toque ar — isso pode levá-la a algo muito difícil, ou fazer com que perca o contato com a realidade. Já a uma pessoa densa, se você fizer com ela um toque terra, estará fazendo um desserviço. Por este motivo, alguns toques — ou algumas intervenções — podem ser extremamente inadequados para algumas pessoas, e é responsabilidade do terapeuta desenvolver esta percepção.

*E como o terapeuta percebe ou decide isso? Porque na rea-
lidade não existe uma pessoa que seja apenas etérea: ela pode ser
etérea em determinado aspecto da vida e bastante corporificada em
outro, não é verdade?*

Sem dúvida, e uma das coisas mais bonitas da Biossíntese é
que o terapeuta não precisa buscar as respostas na sua cabeça —
porque ela está no organismo, no corpo do cliente. E então, como
um pintor, o terapeuta pode explorar e ir combinando as cores até
chegar ao que é mais adequado, ou seja, ao perceber que algo não
está bom, pode ir para outra polaridade. Recentemente, estava
trabalhando com uma moça e me chamou a atenção o fato de
termos estabelecido um vínculo muito bom, o que fazia com que
ela se emocionasse o tempo todo. Quanto melhor a nossa relação,
mais ela chorava, como se não se sentisse merecedora de bons
tratos. Explorando, perguntei a ela, vi que a palavra que ela usava
para o que existia entre nós era "confiança" e percebi o quanto ela
ficava emocionada isso. Perguntei então qual era o oposto da palavra confiança e ela me respondeu: traição. Descobri então que o
que a estava emocionando tanto é que eu, naquele momento, era
uma pessoa confiável, mesmo que ela tivesse sofrido tanta traição. Estou dando este exemplo para demonstrar como procuro
ir atrás do tema. Porque até então eu não sabia qual era o tema,
só sabia que ela chorava. E não podia ser a confiança que a fazia
chorar, não fazia sentido. Nesse caso vou pesquisando junto com
o cliente, trabalhando com o toque, ou com o olhar, mas sempre
fazendo essa tradução para cima.

*E no caso da formação de um terapeuta em Biossíntese,
como isso se dá? Porque me parece que isso é algo que só pode ser
aprendido na prática, empiricamente, você não acha?*

Muitas formações psicanalíticas são de fato teóricas, e a
nossa formação precisa ser tão teórica quanto vivencial. É como
ensinar o uso de um determinado instrumento que você terá
que desenvolver. E é claro que é importante o conhecimento te-

órico, até para que se possa dispor de flexibilidade, mas quanto menos arrogante você for — no sentido do que você já sabe e conhece — mais abertura terá na hora de pesquisar junto com o cliente. Porque você está ali para pesquisar, muito mais do que para dispor de respostas ou conhecimento prévio. Eu gosto muito quando o Piaget fala de aspectos bastante experimentais nas pesquisas dele, mesmo sendo um psicoterapeuta cognitivo. Ele não estava interessado em resultados óbvios de testes capazes de nivelar as crianças num determinado período. Parecia mais interessado num questionamento profundo, até mesmo dos testes que estava fazendo.

Mas na prática, num atendimento, não há o risco de, ao abrir mão de conduzir a partir do que você já conhece, você simplesmente se deixar conduzir, se perder dentro daquilo?

Claro, e o Boadella diz uma coisa ótima a esse respeito. Ele fala de terapeutas que conduzem, de clientes que conduzem, e de um lugar onde a gente pode entrar no terreno do diálogo, onde eu nem conduzo, nem sou conduzido: ora eu conduzo, ora sou conduzido, da possibilidade de existência de um terreno dialógico. E novamente pensando no Paulo Freire, acredito que ao trabalhar a questão da alfabetização ele também buscava entrar nesse mesmo terreno. E na verdade este é o desafio: certos clientes vão tentar me conduzir mais, porque é o caráter deles; e outros vão me obrigar a que eu os conduza, pelo mesmo motivo. Mas com certeza quando eu os estiver ajudando, nós certamente teremos chegado a um lugar mais dialógico. Porque numa terapia vão ocorrer diversas tentativas do caráter de aprisionar — tanto o cliente, como eu mesma —, porque existem armadilhas do caráter. E quando estou falando de caráter, é bom que se defina: a palavra "caráter", em grego, significa "esculpir", "escultura". O caráter é uma forma que você esculpe em si mesmo, uma forma que você organiza para sobreviver, e ela gruda tanto que parece que você nasceu assim, "eu sou assim", as pessoas dizem.

E o caráter é o "assim"?

É o "assim". Na verdade, é uma segunda pele que muitas vezes nos põe em armadilhas, porque não é a sua natureza, é uma segunda natureza, da qual você precisou lançar mão. E normalmente são defesas sofisticadas, inteligentíssimas. Então, em Biossíntese, nós não queremos romper o caráter, quebrar o caráter. Queremos dialogar com o caráter ou até mesmo seduzi-lo.

Você pode falar um pouco sobre o que, em Biossíntese, é chamado de "inconsciente corporal"?

Bom, em Biossíntese, nós não trabalhamos apenas com o movimento consciente, mas também com a formação do movimento, antes do movimento se expressar, a preparação do movimento. Isso pertence ao nosso alfabeto como primatas, e este inconsciente do movimento existe em nós desde a vida intrauterina. A partir daí, procuramos trabalhar não apenas com o movimento voluntário, mas também com os movimentos involuntários e semivoluntários. Numa situação hipotética, suponhamos que um cliente esteja expondo seus sentimentos em relação a alguém. Não adianta pedir que ele expresse o que sente de uma determinada forma, ou numa determinada direção. O importante é que, à medida que o cliente fala sobre seu sentimento, a atenção do terapeuta esteja voltada para o movimento que está se preparando junto, ou para isto que chamamos de "inconsciente corporal": o gesto, a postura, o tom da voz.

Há um exemplo clássico na Biossíntese que descreve o caso de uma mulher que, ao falar sobre o avô que havia abusado dela, começa a expressar uma raiva enorme e contida. Na psicoterapia corporal, habitualmente, seria proposto que ela expressasse a raiva contra esse avô fechando os punhos e batendo num colchão, algo assim. Mas o Boadella — que a acompanhava nessa sessão — ao contrário, foi tentando ver qual era o gesto que vinha dela. E subitamente começou a se esboçar o gesto de fechar alguma coisa para baixo, como uma gaveta. E a mulher começa então a dizer: "Você não sai mais daí, você não vai poder mais fazer isso comigo", como se fechasse o caixão do avô que, mesmo morto, continuava a assombrá-la. E então nós chamamos de inconsciente corporal este gesto que fecha, através do qual ela poderá fechar coisas que não quer mais para a sua vida, e escolher a partir daí o que quer fechar e o que quer abrir. Ela poderá então se possuir, porque quem foi traumatizado tem a tendência de repetir esse estresse pós-traumático, como num ciclo.

É sabido que Freud escolhia sentar-se atrás de seus pacientes para evitar um contato visual com eles. Já Lowen fala da importância de encarar a pessoa que se tenta ajudar, assim como Reich descobriu a couraça muscular e os bloqueios respiratórios através de um trabalho meticuloso de encarar — facing — olhar a pessoa. Qual a importância do contato visual num atendimento em Biossíntese?

A importância é enorme em alguns casos. Em outros, é fundamental que não haja contato visual para que a pessoa não se sinta invadida. Se foi uma pessoa abusada, por exemplo, é importante você não encará-la, ou correrá o risco de retraumatizá-la. Então, você terá que firmar com a pessoa quase um trato: como é que vocês podem entrar em contato, cada um olhando para um canto, ou talvez costas com costas, depende muito da história de cada um. Então, da mesma forma como é importante o contato visual, para algumas pessoas não haver esse tipo de contato pode ser extremamente facilitador.

Num de seus textos, David Boadella escreve que "o toque tornou-se tão rejeitado em muitas sociedades que só restou para a maioria das culturas dois tipos de toque: o clínico e o sexualizado". Segundo ele, o terapeuta que trabalha com toque navega entre estes dois extremos: o da manipulação técnica ou erótica. E lança as seguintes perguntas: "Muito ou pouco toque, onde, como, quando, com que propósito, para quem?" Como você vem avaliando estas questões na sua prática terapêutica?

Você está falando de uma coisa fundamental, e eu diria então o seguinte: isso é como se fosse a essência do trabalho. Primeiro, acredito que o mais importante, antes do toque, é a presença. Para estar realmente disponível e ajudar uma pessoa, tenho que estar integralmente presente, e então somos duas presenças: a pessoa e eu. Independente de ser através do toque ou através do olhar, somos duas pessoas presentes numa sala, e então iremos negociar de que modo podemos estabelecer algum tipo de contato. E é preciso que haja muito respeito — que vem da palavra "respectare" — que significa olhar a si próprio, dar-se conta de quem se é, dar-se conta de quem é o outro. Quanto eu aguento? Quanto o outro aguenta de proximidade? Ou seja, não se trata de dizer "me conte o seu problema", ao contrário: "Por favor, não me conte: veja antes se é possível contar, veja o que você quer contar, como quer contar, veja quem sou eu para você." Existem coisas fundamentais sobre conexão: conecte-se com você mesmo e eu me conecto comigo mesma. E neste contato, como é estarmos aqui juntos? Eu sou uma mulher — como é para você estar com uma mulher? Que associações você faz? É preciso cuidado para que não se caia nem num toque médico cindido, como se eu fosse uma médica especialista no sentido técnico-clínico; e tampouco numa coisa sexualizada, ainda que se cuide também para não achatar o erotismo. O fato de eu ser uma mulher e estar atendendo um homem tem um sentido, assim como ser uma mulher que está atendendo outra mulher também tem. Não podemos achatar o erótico do que é vivo.

Outro dia cheguei com o cabelo diferente e um cliente, que nunca observa nada a esse respeito, me disse: "Como você está bonita". É curioso porque eu vinha pensando justamente que precisava trabalhar com o nível erótico dele, e ele pôde me ver como uma mulher, possivelmente, porque eu estava disponível para trabalhar o erotismo dele, a vitalidade dele como homem. Este é mesmo o fio da navalha sobre o qual os terapeutas têm que atuar: muito ou pouco toque, invadir ou preservar o cliente?

Em Correntes da Vida, *o Boadella escreve que as terapias são úteis, não porque nos levam a reviver o passado, mas porque são capazes de nos empurrar para frente, para o progresso. Numa de suas aulas, ouvi você dizer que mais importante do que reviver o trauma é descobrir meios para ativar as respostas motoras que estão faltando. Gostaria que você comentasse estas duas afirmativas procurando discriminar em que o atendimento em Biossíntese difere de uma abordagem psicanalítica tradicional.*

Acho que gostaria de usar um exemplo clínico para tentar explicar: um menino foi currado quando tinha oito anos de idade e, já adulto, começa a descrever esta cena em terapia. Há um momento em que o pai e a mãe saem de casa e deixam o menino com o irmão mais velho. Eles moravam no interior e o menino pensa em correr até a casa do vigia, mas infelizmente não há tempo para isso e o irmão acaba abusando dele. Mais tarde, ele faz uma escolha homossexual, possivelmente como a única possibilidade de saída para sua sexualidade dentro de uma história muito traumática. E então, se eu trabalho com ele, poderia pensar na possibilidade de imaginá-lo correndo, ainda que na imaginação: ele correndo e chegando até a casa do vigia, porque faltou essa cena para que se abrisse uma possibilidade de progressão. Senão ele volta sempre e se faz enrabar de novo, em diversas situações da sua vida, e se tenho que ajudá-lo, isso poderia acontecer pelo campo das imagens, ou talvez pelos campos motores, com ele correndo no colchão. Mas o mais importante é que eu avalie se o que eu fizer poderá ser integrado para que haja cura. E eu poderia então dizer a ele, pontualmente: vamos experimentar correr, tente e veja como você se sente. E, de modo quase homeopático, tentar ver se você pode dar aquela dose devagarzinho, trabalhar no sentido de refazer a ponte para o futuro. Porque o objetivo não é permanecer ali, aquilo não tem porta. O fundamental é o futuro, e a direção quem vai encontrar é a pessoa.

Eu penso que esta noção de "refazer a ponte" demonstra com clareza a diferença que existe entre o modelo médico e o modelo pedagógico. Em Biossíntese nosso modelo é o pedagógico, porque acreditamos que por mais massacrada que a pessoa esteja, é possível mudar a estrutura. O modelo médico diz "essa função acabou", não tem jeito. Mas se você acredita no modelo pedagógico, poderá trabalhar determinadas funções e observar que a estrutura é modificável, que existe plasticidade.

Numa das suas aulas, ouvi você dizer que, em Biossíntese, o terapeuta nunca procura quebrar a defesa; ao contrário: ele seduz a defesa, demonstrando respeito e até mesmo amor por ela. Como isso funciona na prática?

De fato, em Biossíntese, não trabalhamos com o confronto. As defesas comumente são modos inteligentes e sofisticados de como alguém se organizou — até mesmo para poder sobreviver. Por isso, muitas vezes, as defesas são necessárias, mas ainda assim é importante lembrar que é possível funcionar sem elas por algum tempo. Ou experimentar, de vez em quando, uma outra polaridade. Certa vez vi o David trabalhando com um homem inteiramente desvitalizado e de repente, durante a sessão, num determinado contexto, ele começou a pular, a dar saltos. Este homem tinha uma enorme dificuldade de entrar em contato com a sua raiva, e a defesa organizada por ele tinha sido justamente essa: você olhava e via que era uma pessoa incapaz de ter raiva de alguém. Pois bem, após algum tempo saltando, ele foi capaz de entrar em contato com essa raiva — como um lampejo. E então o David pergunta para o grupo que o acompanhava: "Quanto tempo vocês viram ele em contato com a raiva?" E as pessoas disseram: "Muito pouco". Mas na verdade, não era preciso mais que isso, ou seja, apesar de toda a defesa, esse sentimento que ele negava aflorou no meio da sessão. Era um homem muito inseguro, e a insegurança certamente passava por ele não poder entrar em contato com um determinado sentimento. Agora, o que não é possível é o terapeuta pretender formatar a pessoa. Como em diversas sessões de psicoterapia corporal que acompanhei onde o terapeuta orientava as pessoas a baterem no colchão do mesmo modo que ele batia, porque deviam aprender a fazer como ele e com a mesma vitalidade. Isso é impensável para mim: cada um é da forma que é, não existe um modelo. O que a gente pode é buscar o que precisa ser integrado para que a pessoa viva melhor, mas não para modificar a pessoa.

Você acredita que as psicoterapias corporais são ainda passíveis de algum tipo de preconceito nos dias de hoje?

Esta é uma questão importante e considero fundamental falar a respeito. Penso que hoje a psicanálise percebeu que não pode permanecer meramente numa dimensão verbal e, em função disso, já existem correntes bem mais abertas. Mas, historicamente falando, não podemos esquecer que Wilhelm Reich, o pai das psicoterapias corporais, foi um homem muito marginalizado. Viveu em Viena e foi discípulo de Freud, tendo discordado dele. Reich acreditava que a questão entre o terapeuta e o cliente não era meramente transferencial, e sim um problema envolvendo o caráter, tanto do cliente quanto do terapeuta. O Boadella era um profundo conhecedor de Reich e publicou dois livros sobre ele, *De Reich aos neoreichanos* e *A Evolução do trabalho de Reich*. Mas sinto que o Boadella foi muito além de Reich, e por isso o trabalho em Biossíntese é tão avançado, um resgate de diversas ideias anteriores à cisão cartesiana entre corpo e mente e que propõe integração o tempo todo. Acredito que a "marginalização" deste tipo de psicoterapia esteja em ressonância com a nossa cultura, onde o corpo é tão negligenciado. Em nossa sociedade, o corpo está entregue às mãos do médico e é constituído por órgãos; não é um corpo que sente, que se emociona. Já na Biossíntese, o corpo que age, que se emociona e pensa é um organismo só.

Num dos seus textos você diz que, diferindo de outras formas de psicoterapia corporal, a Biossíntese não vê a pessoa reduzida ao seu corpo físico, mas leva em conta a anatomia sutil e a corporificação da espiritualidade, confirmando a ideia de que temos um corpo energético que se expande além do nosso corpo físico. Você pode falar um pouco sobre como isso é trabalhado em Biossíntese?

Claro, eu diria o seguinte: independente do que aconteça a um indivíduo, de qualquer adversidade ou trauma, existe algo seu que é indestrutível. Estou me lembrando de Pierre Janet, um psiquiatra anterior a Freud que costumava trabalhar com esquizofrênicos. Ao longo desse processo, ele observou que mesmo dentro da doença existiam dimensões profundas, que ainda pulsavam e não estavam totalmente destruídas, e é com esses lugares que ele procurava trabalhar. Em Biossíntese ocorre algo semelhante, pois é como se nós trabalhássemos com uma dimensão metafórica do lugar que o indivíduo ocupa, quer dizer, existe um ponto sempre intacto: o ponto da individualidade. No instante do nascimento existe este ponto — a cerca de 50 cm acima do topo da cabeça — e este é o primeiro ponto onde o indivíduo encontra luz quando nasce. Em várias tradições tibetanas e egípcias é mencionada a existência deste ponto. E podemos falar ainda de um ponto base, situado no interior da terra, que caminha com o indivíduo e lhe corresponde. Então, suponhamos que uma mulher tenha perdido o marido e os filhos num acidente, restando apenas ela. Onde ela ainda poderá construir o seu *ground*? Porque o desejo dela é morrer também, naturalmente. E é claro que então não poderei trabalhar com ela numa dimensão apenas física, porque nessa dimensão ela ficou inteiramente destruída. Terei que trabalhar certamente num nível mais profundo, em busca de um lugar que não tenha sido atingido por esse cataclismo. O que os filhos e o marido representavam é indelével e vai estar sempre com ela. O que ela recebeu deles não irá abandoná-la nunca, e é com essa dimensão que poderei trabalhar.

O trabalho terapêutico em Biossíntese procura mover-se entre todos os campos, buscando, segundo o Boadella, a parte solta do fio, e ele diz: " lá onde a luta entre o caráter e a essência ainda não foi definida". Você pode explicar um pouco a ideia desse "fio mais solto"?

A ideia de um fio mais solto fala da possibilidade do terapeuta jamais confrontar o caráter porque, se o fizer, a pessoa vai se defender ainda mais, é óbvio. O caráter, como já disse aqui, é uma forma de sobrevivência inteligente, e então, caso seja confrontada, a pessoa pode se sentir inteiramente sem chão para abrir mão dele. A partir daí, se você pensar a neurose como um novelo emaranhado, perceberá que ao puxá-lo, ou manipulá-lo com força, você conseguirá apenas embaralhá-lo ainda mais. Aprendi isso quando fui consertar uma corrente de ouro que tenho e que é muito fininha. O joalheiro me ensinou a pegar a corrente embaralhada e, com um instrumento muito delicado, segurar a pontinha que está solta e, a partir daí, com outro instrumento, desemaranhá-la cuidadosamente. Então, esta é uma metáfora óbvia para a pergunta que você está me trazendo. Quer dizer, suponhamos que uma pessoa tenha um bloqueio na pélvis e que isso esteja relacionado com sua sexualidade igualmente bloqueada. Se a partir daí você pergunta se eu começaria trabalhando diretamente com a pélvis, eu diria "de jeito nenhum". Vou escolher trabalhar numa outra extremidade porque, se na pélvis existe uma energia estancada, ao mesmo tempo percebo que quando a pessoa fala sobre seu problema ela mexe um pouco o pescoço. O movimento que precisaria estar na pélvis está solto na garganta, no pescoço. Onde então eu vou trabalhar? No pescoço, é claro. É através dele que, devagarinho, vou tentar chegar até a pélvis. Vamos começar a mover o pescoço e, bem lentamente, a pélvis virá se integrar a esse movimento. Esse é um exemplo do fio mais solto e, para ser capaz de percebê-lo, é preciso que o terapeuta lance mão de uma escuta global onde não importa apenas o conteúdo, mas é necessário também que se preste atenção à forma.

E como um terapeuta pode chegar a essa qualidade de "escuta global" onde nada deve escapar à sua atenção? Isso se aprende?

Sim, é claro, eu acredito que é um exercício. E, no meu caso, sinto que fui crescendo de uma maneira organísmica, quer dizer, nunca me ressenti e sempre trabalhei dentro do que podia. Mas se fossemos pensar numa escala, diria que hoje estou trabalhando em outra, e é possivelmente por isso que a maioria dos psicote-

ESTHER FRANKEL

rapeutas, ao escrever um livro, costuma agradecer seus primeiros clientes pela boa vontade que tiveram ao ser trabalhados na dimensão em que eles eram capazes naquela época. Quando conheci a Gerda, ou o David, ficava encantada com o modo como eles trabalhavam — aquilo parecia algo inteiramente mágico para mim. O mergulho deles junto com o cliente, naquele nível... Eu nunca imaginava que pudesse chegar perto disso. Mas fui me trabalhando, trabalhando com os clientes, descobrindo formas de aprimorar e superar minhas dificuldades e, num determinado momento, quando menos esperava, percebi que já me encontrava numa dimensão diferente. Mas sinto que essa qualidade de atenção — atenção plena — certamente me foi ensinada através do budismo tibetano e de um trabalho de meditação, onde quanto mais centrada eu estiver, mais serei capaz de perceber o que se passa à minha volta. Assim, tive que aprender a diminuir o ritmo, tive que aprender o que é o silêncio e aprender o que é o espaço entre um pensamento e outro, o espaço entre um movimento e outro movimento. Tive que entrar em contato com o vazio. E tudo isso aprendi praticando, com muita meditação. Mas foram muitos anos até que eu pudesse compreender e entrar em contato com essa dimensão espiritual, até que pudesse entender o que o David dizia sobre a essência de cada pessoa continuar intacta. Porque é só através da meditação, num trabalho com a alma, que somos capazes de entrar em contato com isso. E quanto mais eu pratico, maior é a qualidade do meu mergulho, e a tal ponto que sinto que não tenho mais como escapulir.

Como assim "escapulir"? Do que você está falando?

Estou falando em escapulir porque penso que cada um de nós deve praticar alguma coisa que lhe é difícil, porque são esses os nossos desafios. Quem é muito certinho precisa se desorganizar; e quem é desorganizado, precisa se centrar e se organizar um pouco. Quem é muito da palavra tem que ir para o corpo, e quem é muito do corpo tem que saber integrar a palavra. Trabalhar com o que te falta — isso é muito importante. E através da meditação comecei a perceber que sempre que chegava perto de alguma coisa eu fugia, porque era demais para mim. Eu ficava assustada e dava um jeito de recuar, sempre. Primeiro me encolhia, para depois poder voltar, porque de certo modo não queria ver aquilo, eu negava. Mas após muitos anos de meditação, é como se eu já tivesse perdido o trem de volta, entende? E não tenho mais como fugir.

Ao lado da meditação, você disse que sempre procurou em seus atendimentos lançar mão de outros recursos, como música, pintura, poesia. Em algumas dinâmicas de grupo vi você pedir às pessoas que fizessem o papel do pai ou mãe de um determinado cliente, e que dissesse coisas a partir deste papel, o que faz lembrar, e muito, o exercício do ator, não é verdade?

Acho que gostaria de usar o caso de um cliente para tentar ilustrar esta questão. Suponhamos o seguinte: eu recebo um homem que se apresenta a mim do seguinte modo: "Estou estressado, com dores no corpo todo, não consigo dormir preocupado com o trabalho, acordo às três da manhã, tomo o meu banho e já saio produzindo sem parar. Sei que estou me matando, tenho consciência disso, mas não consigo parar". Eu começo a me dar conta então que ele tem uma história onde seu pai o tinha escolhido para dar prosseguimento ao que ele começara, isso já com oito anos de idade. E o pai se dedica então a prepará-lo e, quando completa 14 anos, esse pai adoece seriamente — porque ele também era uma pessoa estressada — passando a viver, por 22 anos, completamente dependente dos outros. A partir deste ponto, esse rapaz assume total responsabilidade por seu pai e por toda a família. E o que vejo então? Vejo todo o script e não preciso criar uma cena teatral, porque o corpo dele é a própria cena: um homem pequeno, constrito, que não respira, tem uma barriga enorme, sem espaço para si, que não se lembra de si. Então, o que é preciso fazer? Ajudá-lo a realizar uma transmutação desse corpo numa cena de possibilidades, para que possa se lembrar de si mesmo. E como fazer isso? Primeiro, converso com ele e digo: "Quando olho para você, vejo um menino tentando estar à altura de seu pai". E um menino nunca está à altura do pai, um menino precisa se esforçar muito. Então, esse menino, como homem, se existe uma casa da qual todos os irmãos são sócios, ele é que vai ter que consertar a casa, sempre. E se alguém faz um churrasco, obviamente, quem vai preparar a carne? É tarefa dele, pois não está ali para curtir, ou desfrutar. Tem sempre que estar agradando a esse pai — mesmo que ele já não esteja vivo e nem ele próprio tenha mais oito, ou 14 anos: é um homem. Primeiro, então, eu o ajudo a tomar consciência disso, mas não é suficiente: aquilo está grudado nele. E é incrível como hoje ele faz a mesma coisa com o seu filho, que aos 20 anos já tem gastrite. O filho o idealiza, ele idealiza o pai, há uma idealização generalizada, mas ninguém vive. O corpo dele tem 14 anos, ou oito anos de idade. Ele sente que precisa mudar, e é difícil. Mas se existe uma crise, existe uma oportunidade, e através da crise é possível desconstruir. Então, como poderei fazer este trabalho? Existem várias maneiras e uma delas é: "Tente ver se agora, neste momento, você quer descansar, e de que forma". Então ele escolhe se deitar com a barriga para baixo. E essa postura já é uma cena, que diz o seguinte, porque tudo tem um significado: "Neste momento estou com a parte frontal do meu corpo, que é a minha parte sensível — o meu coração, o meu peito, o meu ritmo, os meus genitais — estou com a minha parte mais vulnerável, protegida pelo chão". Esta postura chama-se "lembrando-me de mim mesmo". E ele começa então, de algum modo, a diminuir o ritmo ansioso e vai desacelerando, sentindo, e eu o acompanho. Está armada uma cena onde ele se lembra de si mesmo e onde está descansando. E então posso criar uma fala, estamos em cena: "Se eu fosse o seu pai, naquela época, não teria exigido tanto de você, teria deixado você ter oito anos e cuidar apenas dos seus interesses, e então você iria amadurecer e crescer", porque ele não cresceu, é óbvio, está achatado, e eu ainda diria: "Deixaria você escolher seus interesses, ampliá-los, se alongar, ter espaço para eles; não deixaria você cuidar de mim, teria deixado a minha mulher, os meus irmãos, o meu pai cuidarem de mim, e deixaria você livre". Então, vou elaborando uma fala que ele nunca ouviu, para que ele possa aprender a dizer essa fala para si. Porque o que ele faz, todos os dias, é repetir para si próprio a fala do pai. E aumento então, para que possa existir uma outra possibilidade.

Reich dizia algo que pode parecer um paradoxo: que o sexo é espiritual. Segundo ele, ainda, "você não conhece o sexo, a menos que possa atingir um orgasmo profundo — já que a experiência sexual não está localizada no centro do corpo, mas espelha-se por ele todo, e você atinge um ápice, um ápice no qual você não é um corpo". Na sua prática clínica você faz um trabalho, por um lado, físico, centrado no corpo, mas, ao mesmo tempo, você está sempre com um olho longe disso, ou no aspecto espiritual de cada um. Em função disso eu te peço que comente a afirmativa de Reich.

Bem, o Boadella diz que uma sexualidade sem espiritualidade é histeria; e uma espiritualidade sem sexualidade é esquizoidia. No primeiro caso, se você não consegue se vincular a uma pessoa, se você busca uma relação puramente carnal sem que exista um encontro com outro ser, a relação é reduzida quase que a uma ginástica, vamos dizer, de um erotismo barato, como nesses programas que você assiste na televisão, uma sexualidade mecânica, performática. Aquele silicone todo no peito, na bunda, sem moralismo, é tão autorreferido, tão narcísico — e quando falo em histeria é no sentido de um aparente erotismo, um pseudoerotismo. E o contrário seria uma pseudoespiritualidade, ou seja, se você abole a possibilidade de encontro entre dois seres, se você abole o corpo, se você fala de uma espiritualidade sem corpo, você cai numa pseudoespiritualidade. Para mim é uma espiritualidade desértica, pois como podemos falar de espiritualidade sem um encontro?

Em muitas das suas práticas ouvi você falar em intencionalidade. Gostaria que você falasse um pouco sobre este conceito a partir do caso que acaba de citar, o do provedor responsável.

Sim, claro. Ele recebeu esse "mandato" do pai há 50 anos e, a partir deste momento, foi se organizando para se tornar um "superprovedor". Intencionalidade, então, seria o modo como ele organiza sua relação com o mundo, ou ainda, através do seu comportamento, o que ele quer dizer ou diz para o mundo. Mas antes de voltar para o caso que estamos abordando, gostaria de dar um exemplo bastante concreto dessa noção de intencionalidade. Suponhamos que existam três objetos: um triângulo, um círculo e um quadrado. Se eu perguntar o que são esses objetos, certamente qualquer um me dirá: "um triângulo, um círculo e um quadrado". Mas digamos que um vento deslocasse essas figuras fazendo com que se organizassem de modo diferente, e o triângulo fosse reposicionado parecendo apontar para uma determinada direção. Se eu perguntasse então novamente, as pessoas certamente me diriam que "isto" está apontando para "aquilo". E esta é uma definição possível para o conceito de intencionalidade: isto apontando para aquilo, ou isto *querendo dizer* aquilo.

Essas são ideias do filósofo austríaco Franz Brentano, que foi professor de Freud e que recupera a noção de intencionalidade, que na verdade já vinha sendo abordada pela filosofia desde o século XVIII. Mas, voltando ao caso do nosso provedor, é claro que sua intencionalidade remete a esta submissão primeira a seu pai, embora ele acredite que é o contrário e que é ele quem manda na bola ou no jogo, pois sua submissão ao pai é inteiramente inconsciente.

Mas eu me interesso ainda em pensar na intencionalidade no corpo e estou me lembrando de um cliente que fisicamente faz lembrar um menino, embora tenha mais de 40 anos. A questão é que ele nasce imediatamente após a perda de uma irmã, que morre com dois ou três meses de idade. E embora ela tivesse um nome, ninguém na família menciona essa irmã e ela simplesmente não é lembrada, na tentativa de evitar um maior sofrimento. Mas nós podemos pensar na intencionalidade desse útero que vai parir um bebê pouco mais de um ano após a morte da filha anterior — e que nega essa filha não falando sequer sobre ela. Nós sabemos o quanto o útero é importante e que ele significa vida, só que aqui no lugar de vida temos um lugar de morte. Como será então que esse ser ainda em formação vivencia esse útero? Como será que ele se relaciona com essa mãe que se fecha, para não sentir a dor da perda do filho anterior? O quanto ela é capaz de se abrir agora para esse ser em formação? Não é, naturalmente, pois nós não temos essa capacidade. Se eu ainda não elaborei, não chorei, não me descabelei, se eu não fiz o luto realmente, eu estou amortecida. Então, o que será que acontece nesse processo formativo com esse campo que é o útero e que está organizando a minha vida e onde eu sinto um ambiente gelado? Vou ficando encolhido, naturalmente, e quando nasço, é engraçado, vejo que tenho irmãos supervivos, que jogam futebol e tal, mas eu pareço preso a uma ligação extremamente forte com a minha mãe. E não consigo definir se sou um homem ou uma mulher, é difícil para mim, porque não sei se sou eu ou se sou a minha irmã morta: em algum lugar essa intencionalidade não ficou muito clara. Não existe um lugar genuinamente meu e não consigo aprender a jogar futebol, não consigo aprender a andar a cavalo ou de bicicleta. Então fico indo com minhas tias à igreja, vou me organizando desse modo, e é interessante: por que sou assim e meus irmãos tão diferentes? Porque, justamente, estou ligado a essa irmã morta. Na verdade, quando cheguei, a família estava nesse pé e como encontrei uma melodia não muito agradável, minha reação foi me encolher.

E no processo terapêutico, digamos, a intenção seria inverter a direção dessa seta, ou o paciente ter a condição de apontá-la para onde realmente deseja?

Quando o cliente chega à terapia, alguma coisa não está bem e ele quer mais da vida, não quer ficar só indo à igreja: ele gostaria de jogar futebol; ele é um executivo e deseja aprender a se colocar diante do seu chefe. Ele quer se expandir, mas alguma coisa o mantém encolhido. Então o terapeuta pode tentar ver onde é que está o aprisionamento, e como ajudá-lo a buscar esse lugar que ainda pulsa.

Em seu livro "Por um fio", o doutor Drauzio Varella relata a história de diversos pacientes terminais atendidos por ele; alguns se recuperavam em condições absolutamente milagrosas e inesperadas, e outros sucumbiam. Como você comentaria isso pelo viés da intencionalidade?

Gosto da pergunta que você está me trazendo. Existe um livro muito bom, *Com a vida de novo*, escrito por um casal de psicólogos, Simonton & Simonton, onde eles falam sobre a autocura de pacientes com câncer. Na verdade, eles atuaram junto a oncologistas e criaram uma metodologia para ajudar doentes terminais, e observaram basicamente dois tipos de clientes: os que queriam ficar saudáveis novamente e os que desistiam — e observaram ainda o quanto isso era capaz de influir ou determinar o processo de recuperação de cada um deles. Obviamente, isso está relacionado à intencionalidade e — para usar um exemplo bastante pessoal — me lembro de um momento da minha vida em que, estando muito cansada, comecei a sentir uma espécie de "inveja" de um amigo que estava seriamente doente. Esse amigo era um homem extremamente ocupado, que corria, corria, e pela primeira vez eu o estava vendo em paz, parado e aprofundado. E senti que ele estava tocando um nível espiritual que nunca tinha visto antes. Era uma pessoa conhecida, um professor universitário, tinha uma cabeça incrível, e teve justamente um câncer na cabeça. E se viu então obrigado a ficar quieto, e pôde finalmente parar para conversar com seu filho, coisa que nunca conseguira fazer. E aí, com muita honestidade, eu estava num momento de tanta corrida que pensei que o único jeito de descansar poderia ser este. E foi muito difícil porque naquele momento eu poderia ter adoecido, já que a minha intencionalidade estava sendo "quero descansar, mas se não vejo como descansar vivendo, então tenho que descansar morrendo". Aquilo foi uma "chamada", porque, sintomaticamente — já que intencionalidade a gente lê —, algumas pessoas muito sensíveis começaram a me perguntar se eu estava bem de saúde e a pensar que eu poderia estar doente.

Então comecei a fazer algumas meditações e a me dar conta de que podia encontrar a paz longe da morte e junto da vida.

Ainda sobre intencionalidade, me lembro de um documentário que assisti onde uma terapeuta que trabalhava com crianças especiais dizia observar que frequentemente os pais dessas crianças perdiam a capacidade de sonhar coisas para elas, o que, de certo modo, contribuía para a estagnação delas.

Isso é intencionalidade, claro. Se não sonho coisas para essa criança, ela permanece estagnada. E sinto que muitos psicoterapeutas também perderam essa capacidade de sonho. Eles trabalham exclusivamente com a doença e morrem do trabalho, justamente por isso, pois não trabalham com a saúde. Eu trabalho com o sonho. E certamente alguns irão dizer: "Mas a doutora é delirante". Graças a Deus, sou mesmo, trabalho no delírio. Se eu não for delirante, não existe saída. A neurose não tem saída, é repetitiva. Então, o que eu puder criar, ousar, se for preciso que eu me pinte de amarelo, tudo bem. "Olha eu aqui, cara" — mas ele só olha para o buraco. "Vamos olhar então juntos para o buraco, vamos pensar nele, vamos ver se lá dentro tem alguma coisa inesperada. Vamos fazer alguma coisa inesperada. A sua neurose me dá sono. E esse sono não é meu, esse sono é uma parte sua que não aguenta mais."

Mas você já chegou numa impossibilidade com algum cliente? Tipo, não há intervenção possível que...

Já, claro. Me lembro de uma cliente extremamente masoquista, cujo marido a humilhava seguidamente sem que ela fosse capaz reagir, e a repetição era tamanha, uma coisa tão autodestrutiva, um verdadeiro martírio! Então eu me exasperei, chegando mesmo a falar alto, e ela se ofendeu, pela primeira vez. Então eu disse: "Puxa, consegui alguma coisa, você se ofendeu. Teu marido faz gato e sapato e você não se ofende. E porque eu gritei você se ofendeu, que bom! Acho que talvez você precise de mim. Me diga então que me odeia, mas fique. E vá fundo!"

Você comentou que costuma lançar mão de filmes, música, literatura, como um recurso auxiliar em suas práticas terapêuticas. Poderia usar algum exemplo dessa esfera que reportasse à noção de intencionalidade?

Claro. Quando penso em intencionalidade, frequentemente me vem à cabeça um trecho de *Os Miseráveis*, o célebre romance de Victor Hugo, cujo protagonista é um homem chamado Jean Valjean. Pois bem, Valjean era um ladrão, um homem descrente das pessoas, até por conta da sua história de vida, pois fora um menino massacrado, abandonado pelos pais, que apanhara nos orfanatos e fora muito rejeitado. Mas em uma de suas fugas da prisão ele consegue tomar refúgio por uma noite em uma paróquia. O padre o recebe de modo acolhedor, só que, de madrugada, antes de todos despertarem, ele foge levando toda a prataria da igreja. Mas o caso é que como a polícia já estava em seu encalço, ele é preso novamente com os objetos da paróquia. A polícia entra em contato com o padre denunciando o roubo, mas, para a surpresa geral, o padre diz, simplesmente: "Mas ele não roubou nada: esses são objetos que eu lhe dei de presente". Valjean, ao saber disso, fica atônito, perdido, pois aquilo o desorganiza: como é que ele, que estava sempre numa postura defensiva em relação aos outros, desconfiado de tudo e de todos, como é possível então que alguém tivesse sido bom para ele, e alguém que ainda por cima ele roubara? A atitude do padre desconstruiu tudo o que Jean Valjean organizara para si ao longo da vida: este é um exemplo de como é possível mexer nas crenças caracteriológicas de uma pessoa, alterando sua intencionalidade.

Amor, casamento e sexualidade

No capítulo anterior falávamos em intencionalidade e gostaria de explorar este assunto no âmbito de nossas escolhas e de nosso destino amoroso. Voltemos então ao ponto em que tudo começa: um homem e uma mulher, num enorme grupo social, chamam a atenção um do outro e se escolhem para, juntos, procriar e formar um núcleo familiar. Por que uma pessoa escolhe a outra, ou como se dá esse processo? O que está por trás dessas escolhas? Como o seu padrão familiar — ou a sua história de infância, adolescência — pode determinar suas escolhas adultas?

Eu diria o seguinte: uma das coisas mais importantes quando começo a trabalhar com um casal é ajudá-los a lembrar porque estão juntos, o que os atraiu um ao outro. E é interessante, porque então as pessoas começam a se lembrar das qualidades, já que normalmente, quando procuram a terapia, já se encontram num momento em que se esqueceram de que o outro tinha qualidades. E num primeiro momento, então, eu diria que as pessoas se escolhem porque identificam na outra qualidades que precisam desenvolver, qualidades físicas, psíquicas, espirituais, sexuais, enfim. E sinto que acontece uma escolha, muitas vezes, na base da complementaridade saudável. A primeira escolha normalmente é saudável, feita a partir da harmonia, mas ainda assim pode-se acabar recaindo num velho padrão. Vamos dizer o seguinte: eu escolho uma pessoa e algum tempo depois decido viver com ela. Então, começam as interferências, nas memórias, nas sensações... Eu tive algum modelo de casal, havia respeito mútuo, eu senti que valia a pena.

Mas retomando a questão, creio que existem duas intencionalidades atuando simultaneamente: a que é feita a partir da minha essência e, subjacente a esta, a caracteriológica que, de alguma maneira, me leva a repetir o padrão. Estou pensando em um casal que atendi. No início da relação, houve um encantamento. Ela era uma moça jovem, bonita, corajosa, e ele um homem trabalhador, que corria atrás. No momento em que me procuram, ela havia se tornado uma mulher extremamente consumista, fútil, como forma de compensar o desejo de trabalhar que existia nela, mas ele reprimia. E ele se tornara um *workaholic*, sem dar atenção a ela ou ao filho que tinham em comum. Então, as qualidades pelas quais ela se sentira atraída não estão mais lá e vice-versa — elas estão encobertas pela maneira como estão vivendo. Mas não creio que a escolha deles tenha sido apenas doentia. Penso que a vida que estão vivendo é que está adoecendo a relação.

Você poderia nos dar mais alguns exemplos?

Claro. Vamos dizer o seguinte: se na infância eu não me senti visto ou acreditado; se como criança, de alguma maneira, me senti não querido, o que eu faço então? Organizo um padrão de sobrevivência em que, antes que me matem, eu me mato, me anulo. Como nunca me senti tratado, então me vejo um como um "trator", feito para carregar o mundo nas costas. E se me organizei como um carregador, é claro que quando for procurar um companheiro, ou uma companheira, não vou escolher uma pessoa que me trate bem, porque sou o estivador e preciso carregar, daí a história da intencionalidade. Vou escolher então alguém que exija que eu continue carregando o mundo, enfim, alguém que está comigo porque sou um carregador. Vou escolher um parceiro distante, um relacionamento onde vou, de algum modo, justificar o porquê de ter me organizado daquela maneira: "Não adianta, as pessoas não me veem mesmo". Esse seria um exemplo de escolha neurótica. É um padrão sintônico porque, quando criança, não existia saída, tinha que agir daquela forma, tinha que me organizar para aguentar aquilo. A criança não tem escolha, ela é inteiramente dependente dos adultos à sua volta. Então, o caráter, a defesa, é a maneira inteligente encontrada por ela para sobreviver. E a escolha do parceiro, nesse nível neurótico, seria uma escolha sintônica com o caráter. Numa linguagem bastante popular, seria o seguinte: o masoquista escolhe o sádico e vice-versa; pessoas extremamente manipuladoras sempre têm uma "amélia" a seu lado, é impressionante...

E qual seria então a saída possível para escapar das redes do caráter e da neurose?

Bom, seria preciso então uma escolha mais sintônica com a essência. Vamos dizer, no primeiro parceiro fazemos uma escolha inadequada, e então fazemos terapia. No segundo parceiro, a gente ainda se equivoca, continuando na neurose. Mas quem sabe, depois de algum tempo, através da terapia, de um trabalho de autorreflexão ou um trabalho meditativo profundo, nós despertamos de alguma maneira e somos capazes então de avançar em nosso processo evolutivo. A partir daí então, em algum momento, poderemos escolher um relacionamento de encontro e diálogo. Mas é preciso trabalho para chegar até este ponto. E existem também homens e mulheres que procuram a terapia de casal porque percebem que, apesar da neurose, gostariam de ficar juntos. E então, através do trabalho terapêutico, eles tentarão se comunicar de *self* para *self*, de essência a essência. E o psicoterapeuta irá ajudá-los a atravessar essa camada neurótica, entrando em contato com aquilo que, para além da neurose, fez com que se sentissem atraídos um pelo outro. Porque, como disse anteriormente, é curioso como no início eles não se atraíram apenas pela via da neurose, mas procuraram um encantamento, algo de bonito e saudável que viam no outro. Acontece que depois, com a intimidade e o desgaste, eles tendem a se atropelar, recaindo nos velhos padrões. Mas acredito, porque tenho visto isso através da minha prática, que é possível chegar a uma relação mais dialógica e de encontro.

Há algum tempo li uma entrevista da Anaïs Nin onde ela dizia que a cultura americana fez da vida voltada para o exterior uma virtude, desencorajando a exploração interior como uma manifestação narcísica, ou de um subjetivismo neurótico. Para a Anaïs, ao negar a necessidade de intimidade para conosco, a nossa "cultura extrovertida" destrói toda possibilidade de intimidade, pois a experiência de autoconhecimento leva qualquer um, inevitavelmente, a ser capaz de perceber melhor o outro. Você acredita que a falência de relações — e aí estamos falando novamente de padrões de vínculo, entre pais e filhos, entre homem e mulher, ou mesmo entre amigos — denuncia uma falência anterior da relação do indivíduo consigo próprio?

Eu concordo inteiramente com a Anaïs e penso que é fundamental que hoje em dia se procurem "antídotos" para isso: momentos em que você possa estar sozinho para reavaliar o quanto tem se dedicado ao vínculo com seus filhos, seus amigos, seus parceiros. Concordo ainda quando ela sugere que só poderemos chegar a uma experiência coletiva autêntica se formos capazes de nos dar conta de como funcionamos. Do contrário, o máximo a que se poderá chegar é um pseudocoletivismo, o que me faz pensar na minha vivência como militante na década de 1970, onde só os ideais políticos importavam, o que acarretava, naturalmente, um profundo desconhecimento de nós mesmos.

Ainda partindo do que a Anaïs chamou de "cultura extrovertida", eu gostaria que você comentasse a tendência atual de se enfileirar casamentos ou relações uma atrás da outra, sem praticamente tempo algum de luto entre elas. Como você tem acompanhado esse processo na sua prática como terapeuta?

Bem, de fato hoje o divórcio tornou-se uma opção extremamente fácil de ser acionada quando o casamento vai mal. E, de alguma maneira, é muito mais simples as pessoas se separarem do que investirem num trabalho de transformação, onde seria reavaliado, de forma mais profunda, o desejo e a possibilidade real de ficarem juntas. O que acontece então, a nível sistêmico, é que você passa a ter mais e mais separações. E a tendência é continuar se separando, porque existem leis sistêmicas que o novo parceiro fatalmente acabará por identificar — e aí estamos falando de intencionalidade —, havendo então uma nova separação. Se de alguma maneira não houve tempo e dedicação para o cuidado com a relação que veio antes, se a pessoa anterior não foi cuidada, então o novo parceiro ou a nova parceira terá dificuldades para estabelecer uma relação realmente nova e limpa com esse alguém, porque é muito importante, se quisermos construir uma relação duradoura, sermos capazes de cuidar do que veio antes. Este seria um dos antídotos possíveis para essa coisa histriônica, histérica, dissociada. E o luto passa, inevitavelmente, por um trabalho interior muito grande.

Existe ainda a possibilidade de você não ser capaz de manter um relacionamento — novamente de acordo com leis sistêmicas — porque algum de seus antepassados esteve envolvido em situações de pouco cuidado em suas relações e esse alguém então ficou ferido, machucado. E você se sente atraído a repetir essa situação. Certa pessoa foi abandonada, vamos dizer, e teve um destino trágico, não conseguindo refazer a vida a partir desse nó. Então a filha ou o filho teriam tendência a se identificar com essa pessoa abandonada.

Eu queria que você falasse um pouco mais sobre o que você chamou de "lei sistêmica". Do que você está falando objetivamente ao usar essa expressão?

Cada sistema existe com leis que são estabelecidas a partir de seu funcionamento. E estamos falando aqui de leis do sistema familiar, onde cada membro deve ter o seu lugar respeitado.

Porque existe uma hierarquia, até mesmo espiritual, dentro de cada um desses sistemas. Principalmente hoje, nas famílias que são rompidas e algum de seus membros procuram a terapia, é curioso observar como, num trabalho onde devem trazer seus familiares — representados por outras pessoas ou por bonecos —, os parceiros anteriores frequentemente não são lembrados. E então acontece uma série de dificuldades e rupturas dentro desses núcleos familiares, situações difíceis e não resolvidas com filhos, netos, que podem estar ligadas a parceiros que não foram honrados nessa sistêmica familiar.

Então eu vejo, muitas vezes, pessoas se separando, se separando, tentando refazer a vida sem conseguir. Porque no campo da intencionalidade existe uma espécie de vórtice que murcha, um vórtice atrator. E a pessoa menos respeitada, ainda que de modo inteiramente inconsciente, poderá atrair alguém para esse campo. Vou dar um exemplo: quando um pai alcoólatra é alijado da família e a mãe se une a um novo parceiro, não falando mais nesse pai, um dos filhos poderá se sentir atraído a "honrar" esse pai, porque alcoólatra ou doente, apesar de tudo, ele é o pai. E precisa ser colocado como tal, ainda que seja um pai que teve que se retirar. Esse pai tem que ter um lugar, porque se ele for varrido alguém se sentirá tentado a trazê-lo inconscientemente. Esta é uma lei sistêmica e diversos autores escreveram sobre isso: na atualidade, existe o Bert Hellinger, na Alemanha, e a Anne Ancelin Schtuzenberger, uma francesa que realiza trabalhos sistêmicos muito interessantes que falam da importância de cada membro dentro de uma estrutura familiar. Se você teve um filho com alguém, ou se engravidou, mesmo que tenha existido um aborto, essa pessoa tem que ser honrada.

Junto com a falência de um modelo monogâmico, perene e estável, estamos assistindo ainda a uma implosão do antigo modelo de família. Hoje nós temos a mãe, a mulher do pai, a ex-mulher do pai, o meio-irmão por parte de pai, a filha da mulher do pai que é meio-irmã porque foi criada junto, etc. etc. Na sua prática clínica, como você tem assistido a todas essas mudanças? Elas te parecem benéficas e libertadoras — no sentido de romper com uma noção excessivamente rígida e imutável do modelo familiar — ou você sente que há mutabilidade em excesso e uma dificuldade das pessoas para estabelecer vínculos sólidos e profundos?

Eu penso que existem as duas coisas. Naturalmente, me agrada muito o fato de as pessoas não serem hipócritas. Me lembro de um caso de uma cliente que não se relacionava com o marido há uns vinte anos, e os dois mal se aguentavam. Mas passavam outra imagem para os filhos, para os amigos, enfim, viviam uma mentira e, nesses casos, naturalmente, é melhor que haja uma separação. Por outro lado, sinto que as pessoas não aprofundam suficientemente o seu processo de autoconhecimento e, deste modo, vão passando irrefletidamente de parceiro a parceiro, o que acarreta problemas para os filhos, netos e assim por diante. Mas o que está acontecendo é que as pessoas dessas "famílias rompidas" têm procurado terapias familiares para poder, de alguma maneira, reorganizar esse caos. Vamos dizer o seguinte: numa família que já se separou várias vezes, existe um lugar nesse sistema para a primeira mulher, para a segunda, para a terceira; sem esquecer que os filhos das três uniões são todos irmãos, ainda que de mães diferentes. As novas famílias têm que aprender a conviver com isso para poder curar as cicatrizes que ficaram, e o mais bonito é que é possível fazer essa cura.

Voltando às escolhas inconscientes: em alguns workshops seus, vi diversas vezes você pedir a um determinado cliente, entre muitos reunidos ali pela primeira vez, que escolhesse naquele grupo de desconhecido pessoas para representar seus pais, seus filhos, seus cônjuges. E me impressionou muito que, sem conhecimento prévio daquelas pessoas, o cliente na maioria das vezes terminasse por escolher alguém com um background familiar similar ao seu. Por que — ou como — você diria que isso acontece?

Penso que o que acontece é um processo de ressonância somática, onde formas parecidas se repercutem em formas parecidas. Isso ocorre para além do tempo e do espaço. Imagine um lugar onde se encontram dois instrumentos de cordas. Ao tocar um instrumento na nota dó, por exemplo, isso irá reverberar justamente na corda dó do outro instrumento: é um modo de comunicação que se dá através de campos mórficos, campos de intencionalidade, e eu posso tentar explicar isso de diversas formas. Estou me lembrando de um exemplo que Rupert Sheldrake utiliza em um de seus livros, o caso de um cão que tem uma ligação muito forte com sua dona. Essa moça costuma voltar para casa todos os dias à mesma hora, o que faz com que o cachorro sempre se encaminhe para a porta nesse horário a fim de esperá-la. E Sheldrake, acompanhado por uma TV austríaca, fez uma pesquisa muito interessante. Eles levaram essa moça, acompanhada de repórteres, para uma cidadezinha a 30 km de distância, e instalaram uma câmera para acompanhar os movimentos do cachorro que ficara em casa sozinho. Pois bem, após tomar chá e conversar longamente com os repórteres, a moça — a 30 km de distância — diz "é hora de voltar para casa" e o cachorro, inacreditavelmente, sai de onde está e vai para a soleira da porta esperá-la. Isso tem a ver com campos de informação e, voltando à pergunta, pessoas são capazes de escolher umas às outras também a partir desses campos.

Em um de seus workshops, vi você lançar mão de um poema do lama tibetano Sogyal Rinpoche para propor um trabalho a seus clientes, um poema que fala da possibilidade de evolução pessoal a partir do reconhecimento de padrões enraizados, por isso gostaria que você o comentasse. Mas, antes disso, vamos ao poema:

AUTOBIOGRAFIA EM CINCO CAPÍTULOS

I
Ando pela rua
Há um buraco no fundo da calçada
Eu caio
Estou perdido, sem esperança
Não é culpa minha
Leva uma eternidade para encontrar a saída

II
Ando pela mesma rua
Há um buraco no fundo da calçada
Mas finjo não vê-lo
Caio nele de novo
Não posso acreditar que estou no mesmo lugar
Mas não é culpa minha
Ainda assim levo muito tempo para sair

III
Ando pela mesma rua
Há um buraco na calçada
Vejo que ele está ali
Ainda assim, caio
É um hábito
Meus olhos se abrem, sei onde estou
É minha culpa
Saio imediatamente

IV
Ando pela mesma rua
Há um buraco na calçada
Dou a volta

V
Ando por outra rua

De fato, é um poema muito interessante, porque parte do ponto em que existe uma falta de consciência total do que acontece em termos do destino de uma pessoa, como se ele não estivesse vinculado a seu arbítrio. É uma etapa bastante chata, para o terapeuta também. Mas o papel da terapia é justamente ajudar a acelerar essa percepção, que deverá surgir inevitavelmente até porque quando a pessoa procura a terapia já está de algum modo disponível para um trabalho interno. Mas há ainda uma segunda etapa, em que é descrita uma situação idêntica à primeira com a diferença de a pessoa agora "fingir" não ver, ou seja, são os padrões de caráter em que ela não quer mexer. Ela talvez seja alcoólatra, ou viciada em drogas, ou em relacionamentos destrutivos, mas finge que nada está acontecendo, que aquilo não é um buraco. E logo após esta etapa há uma nova queda, mas o discurso já se torna diferente: "sei onde estou, é minha culpa, saio imediatamente". É a possibilidade de olhar para o padrão, reconhecê-lo e admitir que está em suas mãos modificá-lo. Este é um momento muito importante no processo de autoconhecimento, até que se possa deparar com um buraco novamente, mas desta vez reconhecê-lo e dar a volta, como é descrito na quarta etapa. A pessoa agora já sabe o que é nocivo para si mesma, e conscientemente o evita. E é justamente esta atitude que poderá conduzi-la à etapa final, ou à "outra rua", onde a pessoa já largou o álcool, as drogas, a comida excessiva, os parceiros indisponíveis, enfim, nessa rua ela não trafega mais. Sua vida agora é outra, e aquela rua de outrora já não faz parte de seu caminho. É um salto qualitativo inestimável, mas muito, muito trabalhoso.

Voltando à conversa sobre casamentos, gostaria de ler um trecho de uma entrevista do psicanalista Luis Tenório Lima em que ele afirma que "no mundo em que vivemos, um conjunto de circunstâncias sociais e culturais faz com que seja mais importante para uma mulher casar-se do que casar-se bem ou mal, o que significa, então, casar-se com o casamento, com a ideia de casamento". Você acredita que, de fato, a mulher contemporânea ainda está condenada a precisar do casamento para sentir-se um indivíduo? Você acha que essa questão ainda é pertinente, que ela ainda sobrevive?

Sem dúvida estamos numa época de transição, mas acredito que essa questão ainda afeta muito as mulheres, e que muitas permanecem casadas por medo de serem olhadas como pessoas sós. Mesmo que o casamento já tenha terminado há muito tempo, eu observo isso. E essa é uma força que vem de dois mil anos de cultura patriarcal muito forte. Mulheres com discursos avançadíssimos, na hora da relação com um homem, são capazes de se portarem como uma mulherzinha. Ou seja, os valores já não são os mesmos, mas o corpo — o corpo das ideias, o corpo dos afetos, o próprio corpo físico — ainda guarda ruídos do passado, até mesmo na submissão de tantas mulheres a um determinado padrão de beleza, no desespero de agradar uma sociedade obcecada pela forma. Ou então, do outro lado da mesma moeda, mulheres abrindo mão de sua beleza e feminilidade naturais em reação a tudo isso, o que também não é saudável. Penso que a mulher contemporânea ainda está em mutação, ainda não se acertou. E ainda existem muitas delas, de fato, casadas com o casamento.

A psicanálise costuma deter sua atenção em casamentos problemáticos, infelizes, núcleos familiares doentios... Mas há também, ainda que em menor escala, casamentos felizes, núcleos familiares saudáveis e satisfatórios. Como vivem essas famílias, esses indivíduos saudáveis? O que você diria que os diferencia, na qualidade da relação?

Eu penso que ser saudável é estar disposto a problematizar. Não existe um ideal de saúde, a única certeza que temos é a de que um dia sofreremos uma transmutação física e psíquica, e não estaremos mais aqui. Disto temos certeza: de que amanhã não seremos os mesmos. Então, eu acho que a única coisa que a gente pode fazer é problematizar, dialogar, aprender a expressar nossas necessidades.

A doutora Robin Norwood, terapeuta norte-americana que trabalha com codependência, define a família disfuncional não como a que tem problemas, mas como a que é incapaz de discuti-los.

É exatamente isso: ouvir e falar, como um equilíbrio entre dar e receber. Acredito que as famílias mais saudáveis são as capazes de uma comunicação essencial, onde existe uma capacidade de expressão e de escuta.

Voltando às questões afetivas, gostaria que você, com base na sua experiência clínica, avaliasse o destino do amor romântico. Ele deverá continuar ou desaparecer?

O amor romântico, como se sabe, constrói-se de forma idealizada, onde não existe o encontro de duas pessoas e sim o encontro com a imagem de quem eu gostaria que estivesse comigo. Sinto que existe uma tentativa, mesmo na contemporaneidade, de podermos de algum modo reavivar, revivificar, resgatar o amor romântico. Outro dia, na televisão, assisti a um programa sobre encontros na internet: duas pessoas se conhecem e escrevem uma à outra sobre o melhor de si. Bom, já temos aqui uma área de projeção enorme. E depois de se corresponderem por oito meses, antes de se conhecerem através do toque, do cheiro, do ritmo, das emoções que o outro me evoca quando estou na sua presença — o que seria uma coisa mais orgânica — enfim, as pessoas saem da esfera virtual e se encontram. Naturalmente, para que se conheçam de fato, vão precisar de muito tempo. Ele era um inglês com uma aparência bastante *borderline*; ela, uma mulher costarriquenha, meio gordinha. Possivelmente um não olharia para o outro se estivessem num mesmo recinto, mas escreveram um ao outro sobre o melhor de si, e não estou dizendo, que isso não seja possível, mas no dia-a-dia a coisa é infinitamente mais complexa. E o problema do amor romântico é justamente este: a idealização. As pessoas tendem a entrar numa relação e depois de algum tempo, óbvio, a paixão acaba, e elas se sentem logradas. Porque a nossa é uma cultura que cultua a paixão, algo transitório, e ao mesmo tempo valoriza a estabilidade do casamento.

Você não acha que mesmo a nossa sexualidade é muito trabalhada para funcionar num contexto apaixonado?

O que posso dizer é que se você for procurar um novo parceiro a cada vez que a paixão termina, você não será capaz de trabalhar como poderia na evolução da sua sexualidade. O tempo traz a dissolução do ideal romântico, mas traz também a possibilidade de construção de uma intimidade repleta de confiança onde você é capaz de se soltar inteiramente, de ser você mesmo, de estar à vontade. Imagine duas pessoas que se respeitam, se admiram, e que cortejam uma à outra, como os animais fazem. A cada vez que vão fazer amor, se existir esse respeito mútuo, existirá também a possibilidade de acolhimento das dificuldades, assim como a compreensão de que a sexualidade é parte de sua dificuldade e parte da sua vida. A dificuldade com a entrega, por exemplo, não aparece só na sexualidade, mas *também* na sexualidade: o sentimento de vergonha, a dificuldade de ser o primeiro da fila. Muitas pessoas não conseguem estar preocupadas consigo mesmas na sexualidade, têm sempre que estar voltadas para o outro — isso eu já ouvi tanto de homens quanto de mulheres. Sempre estão ali para dar prazer ao outro, mas com muita dificuldade de tomar o prazer para si — dificuldades com o dar e o receber. Então, se você está com o parceiro ou parceira com quem tem intimidade, você pode explorar a situação, não só falando a respeito, mas através de processos evolutivos, meditativos, através do trabalho com terapia, sexologia, o que for. E você conseguirá então ir além nessa exploração, porque na intimidade você pode se dar conta de que o problema não é exclusivamente do outro, que o problema é seu também, já que nós temos uma enorme tendência a projetar. E se cada um puder se responsabilizar pelo que é seu, a sexualidade poderá melhorar infinitamente. Tem um livro do Reich maravilhoso, chamado *Casamento indissolúvel ou relação sexual duradoura?* — eu abro mão do casamento indissolúvel em nome de uma relação sexual duradoura, onde podemos ampliar o conceito de sexualidade abrangendo vínculo, amor, respiração, ritmo e onde possa entrar também o cotidiano e a intimidade. Porque Reich, através de seus estudos, dizia que a atração sexual pode durar cerca de cinco anos, mas que depois é possível a gente ir trabalhando, e eu acho muito bonito isso. As crises fazem parte

da vida e temos que saber extrair algo delas, não ficarmos amea-
çados e sair correndo: sair correndo porque se foi corneado; sair
correndo porque não estamos trepando o suficiente; sair correndo
porque a mulher tem uma ruga a mais, porque tem uma menini-
nha que parece mais atraente do que a minha mulher, porque tem
um homem que é mais rico do que meu marido. Mas voltando
ao que estávamos falando, há uma pergunta que o Boadella faz:
"Quão larga é a praia, quão alta é a onda?". Porque para que sua
sexualidade possa, como uma onda, alcançar uma determinada
altura, é preciso largueza na praia, entende?

*Por que você diria que os homens procuram menos a terapia
do que as mulheres?*

De fato, mas observo que nesta geração está despontando
uma procura maior. Agora, quanto à geração anterior, ainda está
enraizada em antigos valores, e a terapia pressupõe uma deses-
truturação até que surja uma nova. Valores, crenças, poderes — a
terapia vai desorganizar tudo isso. Um homem casado, por exemplo, que sistematicamente mantém seus casos com outras mulheres, mas sem abrir o casamento, sem questionar, querendo apenas
manter o *status quo*, numa terapia a primeira coisa que ele vai ser
é questionado. E muitos homens só procuram a terapia quando
estão muito mal, mas quando procuram é apaixonante o trabalho, quando se questionam é muito bonito. Porque só o homem
inteiro consegue lidar com uma mulher inteira. Mas para um homem fragmentado, que não se banca, a única maneira de se sentir
mais forte é se relacionando com a mulher como objeto.

Estou pensando num homem extremamente inseguro que
atendi, filho único de um pai com estresse pós-traumático — por
ter servido na guerra — e que vive o mundo como se fosse um
campo de batalha. A mãe, submissa, como se não pudesse estar
inteira ao lado de um homem, se fragmenta, se sabota, até para
não ultrapassar o marido. E isso eu vejo muito, até hoje: mulheres
que se sabotam por medo de ficarem sozinhas, porque se forem
além dos homens eles não irão aguentar, não irão dar conta. E o

que acontece então com o filho de um homem e de uma mulher com essas características? É um homem que, em algum lugar, vê a força da mãe e a fraqueza do pai, continuamente se esforçando para parecer mais forte do que é. Então ele introjeta um masculino que força a barra e um feminino que nega a sua força. E como é que ele vai se relacionar com as mulheres? Com medo, naturalmente, especialmente das que não precisam negar sua força; e ele não tem certeza de sua força como homem, porque é filho de um pai que está brigado com o mundo masculino também. E para um homem poder dar conta de uma mulher, ele precisa se fortalecer no mundo masculino — não num mundo masculino troglodita, mas num mundo masculino capaz de refletir sobre seu próprio papel numa sociedade em mutação —, tudo para que possa evoluir e fazer face aos medos que tem. Mas se ele não quer abandonar o velho modelo do casamento monogâmico, não quer se dar conta de que não banca as mulheres evoluídas de hoje, se não respeita a mulher monogâmica que tem, tampouco as mulheres que estão em franca evolução, então ele vai passar a vida fazendo jogos por conta de sua extrema insegurança. Porque ele não está nem num lugar, nem noutro, está no lugar de ninguém. Ele e muitos outros.

A linhagem masculina está muito perdida. Quem é o modelo masculino hoje? Onde estão os modelos? Me lembro do caso do filho de uma cliente minha, um menino de quatro anos que expressou o desejo de ser penteado como sua irmãzinha. Quando a mãe objetou que desta forma ele iria ficar parecendo uma menina, ele respondeu: "Mas é isso que eu quero". Naturalmente estamos tratando aqui de um lar conduzido por uma mulher, com um ex-marido completamente ausente. Então, o que acontece? Temos um menino rodeado por um mundo feminino, onde ele não vê que o pênis é poderoso, poderosa é a xoxota! Quem é a pessoa mais amada nesta casa, que tem todo poder? É a mami. E ela tem peito e xoxota, ela cuida da pele, do cabelo, ela é toda feminina. E minha irmãzinha é toda bonitinha igual a ela. E eu? Fiquei a ver navios? É óbvio que esse menino precisa de um papi, mesmo que seja um avô, tio, professor, namorado da mãe — alguém que sirva de modelo, de referência. É como a história de Parsifal: esse menino precisa sair em busca do Santo Graal, que é sua identidade masculina. Ele está muito vestido com a roupa tricotada pela mamãe. Essa história do mito do masculino é muito interessante.

Relações familiares

No capítulo anterior falávamos sobre casamento e, a partir disso, gostaria que você falasse sobre o trabalho de sistêmica familiar que vem desenvolvendo há alguns anos.

Bom, esse trabalho tem a ver com o meu momento de vida como terapeuta, formadora de psicoterapeutas, diretora de uma escola — não só aqui no Brasil, mas no Oriente Médio e na Europa. Por conta de tudo isso tive que mudar meu paradigma, porque é quase impossível ficar com clientes a longo prazo, atendendo-os semanalmente. Eu até faço isso, mas atualmente escolho os clientes com que trabalho, mesmo porque não são todos os que aguentam conviver com as minhas viagens. E então desenvolvi um trabalho que costumo chamar de "intervenção pontual". E ele pode ser feito com clientes meus ou com pessoas que saibam que desenvolvo este trabalho.

E em que esse trabalho se distingue do seu trabalho terapêutico habitual?

Bom, em primeiro lugar, trabalhamos com outras pessoas na sala, que podem ser clientes, alunos, amigos de quem frequenta este espaço, ou mesmo pessoas que nunca viram esse trabalho anteriormente. Elas são avisadas de que não serão trabalhadas diretamente, mas que poderão ser solicitadas a personificar ou "representar" pessoas da família de quem será trabalhado. E deverão, deste modo, "emprestar" sua pessoa, quase como um ator ou uma atriz — só que sem nenhum script prévio. E a partir do lugar em que essa pessoa é colocada em relação às outras que fazem parte da gestalt do cliente trabalhado, ela irá entrar em contato com determinados sentimentos e pensamentos, deverá cooperar externando o que sente — mesmo que isso seja atroz, terrível, mesmo que no lugar de um determinado "personagem" ela sinta vontade de morrer. Ela fará isso em nome de um benefício maior, para que possamos tentar um processo de cura. E é curioso porque, muitas vezes, se você coloca o cliente para ser trabalhado diretamente ele reage, não aceita. Então muitas vezes começo o trabalho a partir das outras pessoas, e só quando percebo que o cliente está se integrando ao processo é que o coloco como protagonista. Lanço mão desses "representantes" num trabalho que aprendi com Bert Hellinger, mas no qual fui um pouco além, exercendo-o de um modo distinto. Na verdade, penso que integrei esse trabalho ao que já fazia em Biossíntese, e que busca justamente uma integração entre corpo, mente e espírito para que o cliente possa tentar, com a minha mediação, sair de um nível neurótico para um nível mais essencial onde existem palavras, imagens, movimentos que curam. Então, não sou "eu" o arsenal de cura, sou apenas uma facilitadora para que a pessoa encontre o próprio arsenal que possui, a despeito de tudo que possa ter lhe acontecido.

Penso ainda que trabalho com a regressão apenas com o objetivo de progressão. Porque não adianta dizer "que horror que tudo isso tenha lhe acontecido, etc. etc.", o passado interessa apenas para que eu possa ir até lá e tentar um arremate, algum processo de cura, mas trazendo-o em seguida para o presente e para o futuro.

Ainda sobre sistêmica familiar, me chama a atenção algo que parece característico desta forma de trabalho e sem similar em outros tipos de terapia: estou falando da possibilidade de alguém pela primeira vez "visualizar", ou entrar em contato com os mortos de sua família. Diversas vezes vi você perguntar ao cliente sobre os mortos de sua família, mesmo remotos, como se o conclamasse a recompor essa "família dispersa". E o que acontece então? Um tio que era apenas um nome subitamente está ali, na sala, fazendo parte dessa "fotografia viva" que é então montada, e ganhando a pulsação do corpo de alguém que é eleito para representá-lo, reintegrar-se à história de sua própria família, não apenas falando a respeito, mas vivenciando a possibilidade de um contato físico — que é um simulacro, mas ainda assim um contato físico, não é mesmo?

Exatamente: as pessoas ganham carne, osso, sangue, músculo. E isso que você está trazendo é algo fundamental, porque nesse trabalho não há diferença entre vivos e mortos. Mesmo que não estejam mais vivas, as pessoas continuam, indubitavelmente, afetando o nosso campo familiar, mesmo um irmão que tenha morrido no ventre de sua mãe. Na verdade esse irmão, mesmo que não tenha nascido, ocupa um lugar no imaginário dessa mãe. Vou tentar exemplificar através de um caso que atendi há algum tempo, no qual uma criança havia morrido em circunstâncias semelhantes só que, a partir de então, cria-se uma espécie de "segredo", não se falava a respeito. A mãe não deixava o pai nomeá-la, embora estivesse extremamente ligada a essa criança, e ambos não falavam entre si sobre o assunto. Terminam dando o mesmo nome para o próximo filho. E então, naturalmente, trata-se de uma pessoa que não existe, é um menino que se supôs. Mas o terrível dessa história não é exatamente que tenha morrido uma criança, é o fato de no imaginário dos pais ela permanecer viva, embora na manifestação não possa ser lembrada.

A disfunção ocorre na família, não pela quantidade ou intensidade do problema, mas pelo fato de ele não poder ser expresso. É como aquela história das Caravelas do Capitão Cook, você conhece? Os indígenas nunca tinham visto uma caravela, não sabiam o que era, e então o Capitão Cook está chegando à praia, está superpróximo, à margem; mas os índios não veem, porque não sabem o que é uma caravela. Este é um exemplo para tentarmos entender essa dinâmica: você não está preparado para ver algo, então você nega a sua existência.

Ainda sobre padrões: o provedor, o frágil, o vitorioso... Em que medida os "papéis" assumidos por cada um de nós ao longo da vida podem vir de projeções paternas e maternas? Há um texto do Lacan em que ele diz que a mãe costuma atribuir ao feto a forma acabada de uma criança assim que sabe que está grávida. A imagem dessa "criança imaginada", criada por uma mãe antes do nascimento, teria origem no próprio narcisismo materno, diz Lacan. E coordenar a conexão desse imaginário com o objeto que vai nascer pode ser complicado caso ao nascer a criança se revele diferente daquela idealizada pela mãe.

Bom, temos o seguinte: é claro que existe um nível de livre arbítrio; mas naturalmente a criança, por amor aos pais, tende a aceitar uma série de coisas, por querer agradar, querer ser amada. Para ilustrar, gostaria de voltar ao que dissemos antes sobre a segunda ou terceira geração sobrevivente dos horrores da guerra. Tomemos como exemplo alguém cuja mãe teve que fugir deixando tudo pra trás, pais, irmãos, parentes, amigos, muitos deles mortos. O que acontece então? Ela é mulher partida, uma mulher quebrada, e quando tem um filho, ela chora de emoção, mas é um choro de vida e de morte. Ela não está vendo apenas as feições delicadas da criança, os cachinhos de seu cabelo, sua aura de pureza e leveza; mas está vendo também os mortos, ou seja, existe uma projeção sobre essa criança. E esses meninos que nascem numa segunda geração de pessoas que sofreram tragédias são olhados com um olhar projetivo, de outras crianças que foram mortas. É aí que se criam campos de informação para além da nossa consciência: o olhar de uma mãe que perdeu um irmão, ou seus pais, seus avós, é um olhar que te informa, que te dá forma. Essa mãe dá ao filho o nome do irmão que perdeu, e pensa: "O meu filho lembra tanto o meu irmão."

Estou falando de famílias sobreviventes, é claro, mas normalmente os nomes dos filhos são de pessoas mortas na tragédia e, com isso, já estamos usando um campo de informação. Esse irmão tinha tais e tais características e essa criança acaba por "pegar" essa falta — o que acontece para além de tempo e espaço. E essa luta — entre quem somos e o que projetaram para nós — nos complica muito a vida. É claro que acabo de citar um caso extremo, mas mesmo em situações muito mais corriqueiras penso que devemos ajudar as pessoas a pararem de projetar tanto. Vamos dizer: se fico projetando que meu filho seja homem, será que tenho certeza da minha hombridade? Se projeto diplomas, medalhas, realizações — não sou eu quem deveria trabalhar pela minha vitória?

Mas na medida em que projeções acontecem também em função de pais e mães que não se sentem pessoalmente realizados, hoje em dia, num mundo de oportunidades escassas e muita competição, como contornar essa situação?.

É preciso surfar essas ondas todas, para além de tudo isso. Acredito que a única solução seja as pessoas conhecerem cada vez mais a si próprias e, de alguma maneira, se tornarem capazes de "surfar" a vida, ou seja, não se deixarem capturar. Ondas de desemprego, de desvalorização, acontecem — e você continua a "surfar" a partir do seu eixo, do seu centramento. Me lembro do Paulo Freire e de seu projeto de alfabetização e penso que é imprescindível a alfabetização da alma, que precisa estar alfabetizada para que possamos "surfar" as situações. Porque se não nos tornarmos capazes de definir qual o nosso caminho seremos capturados facilmente, como naqueles programas de televisão em que você se sente compelido a comprar esteiras milagrosas, máquinas maravilhosas que prometem te deixar parecido, igual, porque há um padrão hoje em dia que captura todo mundo, essa forma de captura banal onde somos obrigados a pensar da mesma forma, a nos vestir de um modo igual, a fazer plástica no mesmo médico, a ter uma idade só. E é preciso surfar essas ondas todas, para além de tudo isso.

Ainda sobre o que estávamos falando — projeções — sabemos que invadir e privar são os padrões mais frequentes nas relações entre pais e filhos. De um lado, pais ausentes, autocentrados e isolados de um contato mais profundo com seus filhos; do outro, pais excessivamente presentes e controladores, projetando sobre os filhos seus próprios desejos e expectativas. O que esses dois padrões centrais — privação e invasão — podem acarretar no indivíduo?

No padrão de privação, se temos uma criança e ninguém a pega no colo, ninguém a estimula, ela naturalmente, sentindo-se abandonada, deverá organizar uma autoimagem negativa, de alguém incapaz de ser amado. Na verdade, esses padrões podem vir a se organizar muito precocemente, logo após o nascimento. E uma situação de privação de contato físico nos primeiros meses vida pode, num caso extremo, acarretar até mesmo a morte. Entre a Primeira e a Segunda Guerra, por exemplo, onde várias crianças haviam ficado órfãs, René Spitz e outros pesquisadores realizaram estudos sobre o fenômeno do hospitalismo. Foi constatado então que diversas crianças morriam, não por falta de higiene nos hospitais como se pensava, mas por falta de contato. E a partir daí foi visto que, à medida que se colocava uma equipe permanente vinculada a esses bebês, a tendência era diminuir exponencialmente a quantidade de mortes. Ao invés de manter uma equipe apenas profissional, trocando o bebê, alimentando-o e se restringindo a funções mecânicas, entendeu-se que era importante atendê-lo em termos de vinculação, da permanência do objeto. Pois quando falamos em mãe não estamos falando meramente da mãe biológica, mas da figura materna, constante, que tem o mesmo cheiro, o mesmo sabor, o mesmo tipo de gesto e faz sempre as mesmas coisas. O bebê é capaz de reconhecer então sua presença e este é seu primeiro território, seu primeiro contorno: o rosto materno, a importância de ser espelhado. Porque mesmo o feto é extremamente competente, e hoje em dia a porcentagem de nascimentos prematuros é muito alta: as pessoas fumam, são sedentárias, e muitos bebês nascem então com seis meses de gravidez, às vezes até menos. Como a medicina está muito avançada, a taxa de sobrevivência desses bebês também aumentou consideravelmente. Consequentemente, através de estudos com esses prematuros, tornou-se ainda mais evidente a competência do feto, porque mesmo não estando ainda totalmente formado ele é capaz de acompanhar e reagir à presença humana. E de estabelecer um diálogo de toque, pele, cheiro, olhar, um diálogo primitivo e, naturalmente, essa criança tenderá a se desenvolver muito mais do que outra não tocada, ou estimulada nesse sentido amoroso. Porque quando falo de diálogo, falo em termos de "eu te afeto, você me afeta". Na medida em que, ao cuidar de uma criança, sou também afetada, mais desejo eu tenho de renovar meu contato com ela. Mas retomando o que estávamos falando anteriormente, sobre padrões de privação: na medida em que me sinto não visto ou querido, posso desenvolver traços esquizoides muito fortes e me isolar, com dificuldade de me socializar ou estabelecer contato. Só com muita terapia e com muita experiência positiva é que isso pode ser contornado, mas ainda assim é difícil.

E o outro lado da moeda? Os padrões de invasão?

Em termos de invasão, posso ser invadido por, vamos dizer, uma mãe muito ansiosa, que deseja me amamentar o tempo todo ou vai me dar uma mamadeira de duas em duas horas, antes que eu tenha fome. Isto pode acabar se organizando como uma paranoia, porque vou estar o tempo todo me sentindo invadido por conteúdos que não quero. E posso me organizar então como alguém muito desconfiado: "o que já estão querendo enfiar em mim?" Se, por exemplo, tenho uma mãe ansiosa que se preocupa se tenho prisão de ventre, fica me enfiando supositórios e plantinhas para me estimular, enfim, se for exagerado, isso também é uma invasão, pode me levar a organizar uma prisão de ventre como um modo de não querer deixar que nada saia de mim.

Diante de um padrão de invasão, podem ser organizadas as duas polaridades: ou o indivíduo irá se deixar ser invadido constantemente ou irá reativamente se preocupar o tempo todo em não se deixar invadir.

Você tem alguns estudos sobre autorregulação, amamentação, cuidados nos primeiros anos de vida...

Sim, e acho que começaria falando um pouco sobre os afetos da vida intrauterina, essas correntes de afeto tanto através da pele como pela via umbilical, essa corrente comunicativa entre mãe e bebê, não só composta de substâncias de físicas e materiais, de alimentos, mas também de emoções, humores, sensações. Tudo já começa a afetar essa autorregulação. Para citar um exemplo ainda na vida intrauterina, se a mãe se sente abandonada de algum modo por seu marido, essa sensação, esse sentimento, é comunicado ao feto. E o bebê é totalmente dependente da nutrição, dos afetos desse casal. Do pai também, naturalmente, porque a mãe se encontra dependente do marido em termos afetivos, quer dizer, ela não pode sair por aí namorando outras pessoas, não é tão simples.

Em seguida há a questão da amamentação. Numa sociedade onde o importante é que o peito não caia, é natural que as mulheres hesitem e acabem optando por uma mamadeira. Também a importância de que o parto se dê na hora em que o bebê se encontre pronto para vir ao mundo é negligenciada. Os médicos querem ganhar dinheiro, querem viajar, tirar férias em Búzios, e então o parto acaba acontecendo na hora que convém a ele: cesáreas são feitas, e não quando o bebê e a mãe — uma díade — estão preparados para a expulsão.

Para piorar, após os primeiros meses a mãe tem que voltar ao trabalho, entregando seu filho aos cuidados de outra pessoa. Isso, sem mencionar que ainda ao nascer a criança já se encontra inteiramente envolta em plástico. É colocada em carrinhos feitos de plástico, com plástico embaixo do lençol para que o colchão não se suje, embrulhada em fraldas descartáveis, ou seja, essa criança não consegue exercitar a autorregulação: toda plastificada e cheia de roupa ela é incapaz de sentir a própria micção, o que a ajudaria a, naturalmente, estabelecer um controle e amadurecer. Pouco tempo depois, essa mesma criança é enviada para a escola ou creche, que só a aceitam se já estiver livre das fraldas! Então é apresentado a ela um piniquinho e ela terá que se entender com aquilo! Quer dizer, não há uma passagem organísmica de uma etapa para outra. Porque quando se permite que uma criança sinta as coisas, ela devagar organizará um controle. Mas se não estou em contato — excesso de roupa, fralda, plástico por todos os lados — como é que eu posso me autorregular? Tudo isso irá gerar violência, e quando falo em violência, estou falando no afastamento, na dissociação da pulsação, no esquecimento de que as coisas têm um tempo, um ritmo, uma forma adequada. E penso que numa sociedade mais autorregulada poderíamos fazer a prevenção de tudo isso.

A relação entre mãe e filha foi amplamente explorada pela psicanálise, pela literatura, pelo cinema, pelas artes em geral. Qual o papel da mãe na formação de uma menina? Eu gostaria que você respondesse esta pergunta a partir das seguintes observações de Lacan e de Freud: para Lacan, uma mulher espera mais substância de sua mãe do que de seu pai, ele vindo em segundo; e para Freud, não se pode compreender uma mulher a não ser considerando sua fase pré-edípica em relação à mãe.

Vou começar pela afirmação de Freud. Acredito que a relação dual entre a mãe e o bebê, que ele chama de pré-genital, pré-edípica, é realmente fundamental para a menina, pelo fato de ser espelhada por uma mulher que tem o mesmo sexo que ela. Estou me lembrando da italiana Elena Gianini Belotti, autora de *Du Côté Des Petites Filles*, livro onde relata várias pesquisas sobre a descoberta de que as mulheres amamentavam menos as meninas do que os meninos, como se sentissem medo de uma erotização com alguém do mesmo sexo, o medo da homossexualidade funcionando como um impedimento para que as mulheres amamentem devidamente as suas meninas. As mães têm mais dificuldade com as meninas porque a mãe é o seio de si mesma, ela se sente espelhada pela filha e a filha espelhada por ela, de modo que a dificuldade é maior entre a mãe e a menina do que entre a mãe e o menino.

Para algumas mães, é como se elas precisassem do filho homem para ter um falo — o filho homem é o falo dela. O que também é extremamente complicado, como no caso de um rapaz que ocupa o lugar de seu pai porque a mãe se separa quando ele tem seis meses de idade, e passa então a dividir com ele as frustrações e seus sentimentos a respeito desse pai, desse marido. O menino, tomando as dores de sua mãe, vai se tornando seu pequeno herói, constrói uma masculinidade em cima dessa criança: é um pequeno homem. E os homens que se aproximam dessa mãe acabam indo embora porque ela está casada com esse menino; ele, por seu lado, precisa da figura de pai para construir sua identidade masculina, ainda que seja uma figura substituta. Ou poderá a partir dessa falta buscar uma relação homossexual, onde tentará encontrar essa figura.

Uma opção homossexual, naturalmente, pode ser absolutamente saudável, desde que as pessoas se encontrem livres na hora de suas escolhas. Sendo homossexual ou heterossexual, que possa ser uma escolha adulta, não uma escolha infantil não resolvida.

MORTE E VELHICE

Em nossa sociedade, raras são as pessoas que conhecem a história de seus antepassados: de onde vieram, quem foram seus avós, bisavós e assim por diante. Em que medida você acredita que este desconhecimento pode afetar o indivíduo?

No outro dia eu estava lendo um artigo interessante sobre a necessidade da historicidade para a subjetivação — porque a história pessoal é extremamente necessária para o desenvolvimento do mundo subjetivo. Esta história possibilita à pessoa saber um pouco sobre o que a afeta, por exemplo: às vezes, mesmo sem ter conhecido seu avô, a maneira de você segurar uma colher, apanhar uma caneta — hábitos determinados — é igual à dele, mesmo que você não saiba, é muito interessante. E acredito que privar o sujeito desse conhecimento é altamente empobrecedor. O espectro das possibilidades deveria estar mais integrado, por exemplo, se você sabe que vem de diferentes etnias isto poderá ajudá-lo a compreender traços de seu próprio comportamento, que talvez seja, digamos, moderno em alguns aspectos e extremamente conservador em outros. Suponhamos que você teve uma bisavó índia e um bisavô português. Faz parte da sua história conhecer esta mistura e esta origem, até mesmo para poder honrar seus antepassados. E o que é honrar? Honrar é conhecer, reconhecer as diferenças, saber que você as possui, saber que você faz parte dessa tapeçaria. É importante para mim poder ter acesso a livros e filmes que falem das minhas origens, o que faz aumentar a autoestima. E acredito mesmo que, muitas vezes, a autoestima possa ser diretamente proporcional ao quanto você conhece de sua própria história, o quanto você respeita as origens. Respeitar é olhar para suas raízes e ser capaz de valorizá-las.

Existem determinados acontecimentos na história de uma família capazes modificá-la, fazendo com que adquira outros contornos, como, por exemplo, a doença e a morte. Em um texto seu, "Como viver com o conhecimento da finitude?", você escreve que "o sofrimento ao acompanhar um parente próximo doente ou terminal tem o potencial de ser uma das forças mais significativas para o despertar da evolução psicológico-social-espiritual da família". Nesse artigo você cita um acontecimento em sua própria família e eu gostaria que comentasse sua afirmativa, recontando um pouco dessa história.

Interessante. Estamos partindo de uma afirmativa minha sobre a morte e lembro que fiz uma reflexão parecida sobre o nascimento, porque em determinado momento da minha vida percebi que, para que pudesse continuar o meu caminho evolutivo, teria que ter um filho, sentia que não tinha mais para onde ir. Agora, voltando ao artigo — no qual relato a perda de minha mãe —, diria que só consegui resgatar minha relação com ela quando estava em seu processo de morte. Agradeço a lucidez de nossa família por não ter colocado minha mãe num hospital nesse processo, de não tê-la apartado de nós. Junto com o médico, chegamos à conclusão de que não havia mais nada a fazer e que deixá-la num hospital seria um sofrimento vão. Então, eu e minhas irmãs decidimos nos reunir: uma saiu da Inglaterra, outra dos Estados Unidos, eu do Brasil; minha quarta irmã morava em Israel. Nos reunimos em volta do leito de minha mãe e cuidamos dela, e sinto que esse foi um momento muito precioso, tanto para ela como para todas nós. Porque acompanhamos minha mãe num momento de muita calma: ela, que era uma pessoa muito ansiosa, muito nervosa, como já disse antes — até por conta dos efeitos da guerra — agora estava deitada muito calma e nós podíamos estar com ela. Aquela era a mãe que eu gostaria de ter conhecido — não a que estava à beira da morte, naturalmente, mas essa mãe centrada. Ela estava muito centrada no momento de sua morte, estava madura, tinha todo o seu potencial de amadurecimento ali. E nunca vou esquecer o modo como — ao receber uma massagem nós pés de minha irmã, a que mora nos Estados Unidos — minha mãe olhou para mim e perguntou: "Por que ela é tão boa comigo?" Ela chegara a um momento de não-egoísmo tão grande que achava que nem a própria filha precisava fazer aquilo. Para mim, é este o maior avanço do *self*: quando somos capazes de não cobrar mais. É um momento de iluminação: ela estava lá e tinha acontecido uma mudança no nosso relacionamento. Ela, que costumava cobrar tanto — tinha ciúmes das minhas amigas, achava que eu dava mais atenção às minhas amigas do que às minhas irmãs —, ali não cobrava nada. O que dávamos estava bom para ela. Eu diria que aquele talvez tenha sido o momento de maior harmonia que já senti em família. Naquele momento, estávamos todas muito inteiras. E eu, apesar da enorme tristeza, tinha momentos de felicidade. Era um momento de comunhão.

Em outro ponto do seu artigo, você escreve que "na nossa sociedade, a morte se tornou longínqua, não é parte integrante da vida, mas uma visita assustadora que não é bem-vinda". E que hoje a doença e a morte foram tiradas de casa para o hospital. O que isso acarreta nas pessoas?

Bom, em primeiro lugar, eu diria que a morte, a doença e a velhice não combinam com o Rio de Janeiro — onde existe uma ditadura da juventude e da beleza: tudo o que é diferente disso não combina, como se vivêssemos numa ditadura solar. As pessoas adoecem, vão para o hospital, e se pudéssemos nem visitá-las, se pudéssemos esconder o fato de nós mesmos, esconderíamos.

Quando eu tinha 19 anos e morei em Israel, vi pela primeira vez pessoas em cadeiras de rodas ou com paralisia cerebral numa universidade, e vi essas pessoas integradas. Porque na minha época, no Brasil, era ainda mais segregado do que é hoje: as pessoas que não combinavam com a sociedade ficavam em casa ou em asilos. E penso que acontece o mesmo com a doença: confinar os doentes em hospitais é um modo de exilar, tirar essa pessoa de nossa vista. E mais: ao colocar o doente num hospital — só podendo ser visitado uma vez por dia, ou mesmo uma vez por semana — você está prejudicando o processo de autocura, porque pessoas queridas nos trazem entusiasmo, nos trazem motivação. E isso, como se sabe, está relacionado ao processo de regeneração celular. Uma pessoa no isolamento adoece mais rapidamente. E mesmo para quem não está doente, é importante aprender sobre a morte, perceber que somos mortais, aceitar a impotência e a finitude.

No mesmo artigo, você cita o David Boadella, que diferencia o luto quente e o luto frio. E escreve também sobre a importância de escolher o modo de vivenciar o próprio luto.

O luto quente é você poder se aquecer com suas próprias lágrimas — porque elas são quentes — é ser capaz de expressar o sofrimento. Mas quando falo em luto, não é só o luto pela morte de alguém, é também o luto pela perda de um relacionamento — quando você percebe que é impossível continuar com uma pessoa. Se você for capaz de viver um luto quente, isso irá aquecer sua alma. Já o luto frio é o que apaga a lembrança do que foi perdido, é não poder chorar, não poder se expressar; é o congelamento, o vazio, como se ficasse um buraco. No luto quente, ao contrário, você experimenta essa perda até o fim, e aí sim, pode recobrar a energia e a disponibilidade para continuar a vida. É como se você se deixasse morrer junto — o que pressupõe a chegada de um novo ciclo.

Gostaria de citar outro trecho desse mesmo artigo onde você diz que "o reconhecimento, as experiências e a compreensão das pequenas mortes que temos em muitos momentos de nossa vida levam ao reconhecimento, à aceitação e à integração da grande morte na vida". E você chama de pequena morte a passagem difícil para a adolescência, quando morre a criança e nasce um adulto, ou mesmo a transição da juventude para a maturidade, da maturidade para a velhice e assim por diante. Como você sente que essas pequenas mortes são tratadas no mundo contemporâneo?

Acredito que fazem muita falta os rituais de passagem. Hoje as pessoas já não se casam, apenas vão morar juntas. E alguma forma de ritual, mesmo que seja alternativo ao oficial, o da igreja, é importante para fortalecer o casal. O ritual fortalece os laços. O casal poderá inventar: pode ser num rio, mas seria bom se tivessem amigos em volta, pessoas amorosas, amigas, que os abençoem. O ritual tem a função de benção, de fortalecer o sagrado. E poderíamos pensar que, de algum modo, todos somos heróis, como se a vida fosse o mito, a jornada do herói. Então, existem nessa jornada os rituais de passagem, e é importante que de algum modo se sacralize determinados momentos importantes.

Quando você faz a festa de aniversário da sua filha você está sacralizando esse momento, convida as pessoas queridas e os amigos para abençoarem a sua filha. O ritual é capaz de fortalecer a ética, o cuidado. E penso que o homem contemporâneo tem que encontrar novas formas de se religar, porque o ritual é o reconhecimento da singularidade de um determinado momento. Pensemos no que acontece nas guerras, quando morrem tantos milhares de pessoas que aquilo passa a ser indiferente. Isso tira o humano de nós, e era justamente essa a estratégia dos nazistas: tirar o humano das pessoas, e então não resta mais nada. Se você não pranteia seus mortos, não os honra com flores e uma cova, se não pensa numa roupa especial para o aniversário de sua filha, se não há nenhuma forma de ritual e não diferenciamos esses momentos, o que sobra da vida?

No outro dia fui a uma reunião no SESC, onde tive contato com um amigo que trabalha com grupos de homens que infringem violência às mulheres. E é interessante porque esses homens tendem a diminuir a violência quando filiados a algum tipo de religião. Meu amigo que é antirreligioso e tudo o mais, enfim, ele me disse que teve que começar a pensar sobre o papel da espiritualidade na vida das pessoas. Muitas vezes a religião funciona como substituto do pai; então, à medida que essas pessoas se voltam para a religião, se sentem com um suporte paterno, o que dá a elas um limite, um contorno, daí a diminuição da violência. E as igrejas, para além do fato de estarem ou não falidas, têm um conteúdo espiritual em algum nível.

Esse conteúdo de espiritualidade precisa ser desvinculado das igrejas, porque o interessante é que cada um possa buscar a sua religiosidade interna.

Simone de Beauvoir, em um texto chamado "A velhice", escreve o seguinte: "Em mim, é o outro que é idoso, quer dizer, aquele que eu sou para os outros (...) a velhice vem como um choque, justamente porque ela chega primeiro pelos olhos dos outros. É difícil reconhecer-se como velho". Você, que é terapeuta corporal, me diga: como é possível reintegrar a pessoa quando ela, de certo modo, perde a dimensão da idade de seu próprio corpo?

Estou pensando no caso de uma senhora de 84 anos, uma mulher extremamente lúcida e ativa que esteve num grupo monitorado por mim e que tinha o projeto de voar de asa delta. No dia em que ela expressa isso, leva um tombo e quebra o fêmur. Na verdade, em algum lugar, ela se via como alguém capaz de voar de asa delta, mas em algum outro ponto não se percebia dessa forma. E quando ela cai, é como se, através disso, se desse conta de sua finitude e da impossibilidade de um voo tão alto. O curioso é que o desejo de viver nela era tão grande que em dois meses já estava andando novamente. Era uma mulher muito trabalhada corporalmente, mas ainda assim, dentro de si, tinha alguém lhe dizendo que não podia mais fazer isso.

O problema é quando o idoso ou a idosa não aceitam que já não podem fazer o que faziam aos 40. E a neurose pode às vezes abocanhar essa sabedoria se a pessoa não é capaz de se aceitar, mas acredito que a terapia pode ajudá-la a se liberar trabalhando com a autoimagem, com as modificações da pessoa, sua relação com o passado e o presente, os ganhos e as perdas: reinventar um novo projeto e uma maneira diferente de envelhecer.

Trabalho e tempo

*E*m *A engenharia do tempo a ensaísta Rosiska Darcy de Oliveira, refletindo sobre o papel do trabalho na vida do homem contemporâneo, afirma que "antes as pessoas ganhavam a vida no trabalho, e hoje o trabalho ganhou a vida das pessoas". Como você tem acompanhado isso na sua clínica? Qual é a repercussão disso no corpo das pessoas?*

Estou pensando em vários casos de pessoas que se tornaram escravas do trabalho — onde a vida delas *é* o trabalho. Num mundo onde o homem está o tempo todo plugado a celulares, laptops, internet e as pessoas estão trabalhando infinitamente mais do que antes — acumulando jornadas duplas ou, muitas vezes, triplas —, é natural que em resposta a esse desequilíbrio surjam enfermidades, padrões somáticos, doenças relacionadas à falta de respeito pelo nosso ritmo, pelo nosso tempo, pela alternância essencial entre atividade e repouso. O homem moderno está o tempo todo em hiperatividade e, em decorrência disso, seu corpo começa a colapsar, enlouquecer mesmo. E penso que a grande matriz desse modelo é o *"american way of life"* com seu consumismo insaciável, onde o homem é instruído a não parar ou correrá o risco de que alguém pegue seu lugar.

Vivemos de modo desumano, num mundo onde sobra muito pouco tempo para as pessoas estarem juntas, ou consigo mesmas. E o resultado é que vejo pessoas profissionalmente muito evoluídas, muito capazes, atuantes e produtivas, mas incapazes de viverem suas subjetividades ou de resolverem seus relacionamentos de modo menos infantil.

E a terapia dispõe de ferramentas para intervir num quadro brutalizante como esse? Uma hora ou duas podem ser suficientes para reconectar alguém consigo?

Uma hora ou duas horas por semana não é o suficiente, mas quando as pessoas procuram a terapia é porque algo não está funcionando — e então elas se disponibilizam para a mudança, o que é muito importante. A partir daí, já é possível ajudá-las a rever seus hábitos e prioridades. É possível também brecar esse ritmo frenético com a meditação, que faz parte do meu trabalho. As pessoas chegam à terapia normalmente porque estão em crise, por exemplo: vai chegar pra mim um cantor que não está conseguindo cantar; uma mulher de negócios que já não consegue ser tão produtiva; um executivo cansado da vida exaustiva que está levando, pessoas que chegaram a uma crise porque lhes é cobrado o tempo todo que sejam agressivas, produtivas e, se possível, as melhores. Aparecem então pessoas que não conseguem mais se enquadrar nisso, porque elas podem até aguentar por um tempo, mas, passando de um determinado limite, vem a doença, a depressão. E então surge no consultório um escritor maravilhoso cuja depressão começa justamente quando atinge o auge do seu sucesso. Já encontrei várias pessoas que, no auge das suas carreiras, entram em depressão ou desenvolvem uma síndrome do pânico.

E por que isso acontece?

Porque não respeitaram o seu ritmo, foram além do que podiam. Quando somos muito exigidos e começamos a ter sucesso — e isso é muito sedutor —, não sabemos mais parar e ultrapassamos o limiar até cairmos do outro lado, onde não conseguimos mais funcionar. Aparecem então problemas de memória, fadiga crônica, depressão. É nosso corpo denunciando essa falência.

E que consequências o excesso de trabalho dos pais pode ter sobre essa geração de filhos, muitas vezes entregues à babá ou à televisão?

A consequência que já podemos começar a observar é a esquizoidia: pessoas conversando menos, cada vez mais no computador, isoladas em seus quartos, diante da televisão, nas drogas. Acho que estamos vivendo faltas afetivas muito grandes. Ainda hoje, li no jornal sobre o caso de um supermercado no Leme que foi saqueado por jovens de classe média, jovens, me parece, que estão pedindo atenção, limite. Porque existem meninos abandonados em todas as classes sociais, e seria muito bom se seus pais pudessem voltar um pouco para casa. A metáfora da Terra do Nunca — onde se refugiavam os meninos perdidos na história de Peter Pan — é de uma atualidade tremenda, um fenômeno mundial. A mobilidade social nos EUA é feita para onde há trabalho: as famílias são completamente detonadas, separadas. Em Portugal, onde também atendo, os pais costumam deixar os filhos nas creches ou escolas às sete da manhã e voltar para buscá-los às sete da noite. As escolas deixaram de ser um espaço de educação para ser tornarem um lugar onde se guardam os filhos, é uma coisa assustadora! Me lembro de quando morei lá, nos anos em que meu marido estava fazendo um doutorado. Certa vez ele foi deixar nosso filho na escola e resolveu ficar lá até que nosso filho se acalmasse e parasse de chorar. A educadora então disse: "Ai, esses pais de coração mole..." Pais que querem ficar com os filhos são considerados de "coração mole". O pai eficiente é aquele que às sete da manhã deixa o filho sem olhar para trás e aparece para buscá-lo, morto de cansaço, às sete da noite. A escola não pode desempenhar o papel dos pais, não é tarefa dela!

ESCOLA DE BIOSSÍNTESE

Como sabemos, a psicanálise é frequentemente acusada de atender apenas às camadas mais elitizadas da população. Na Escola de Biossíntese do Rio de Janeiro você mantém uma clínica social, onde as pessoas são atendidas por um preço bastante simbólico.

Sim, e ela funciona da seguinte forma: temos um curso de formação para psicoterapeutas, e assim que terminam os três primeiros anos básicos, segue-se para mais um ano de especialização e precisam estar atendendo. Então, a clínica social tem dois públicos: um é formado pelos próprios terapeutas em formação — que muitas vezes eram terapeutas de outra linha e estão estudando conosco — e o outro pela população que não tem como pagar uma terapia. Logo, junta-se a fome com a vontade de comer. E o fato de a escola funcionar em Copacabana é muito interessante, porque é um bairro de classe média. Em seis anos de funcionamento da Escola — e quatro de funcionamento da clínica social — já passaram por nossas mãos mais de 400 pessoas.

Além da Clínica Social, sua escola mantém turmas regulares de formação de psicoterapeutas em Biossíntese. Como começou a escola?

O David organizou o centro dele em Zurique em 1980, há 27 anos. Em 1987, Liane Zink e Rubens Kignel inauguraram, com a minha participação, a primeira turma de formação no Instituto Brasileiro de Biossíntese. A Escola de Biossíntese do Rio de Janeiro só viria a ser fundada por mim em 1998, mas voltando ao Instituto de Biossíntese: na época eu era professora da PUC, onde dava um curso introdutório à psicoterapia reichiana — "De Reich aos novos reichianos". Quando passei a representar a escola do Boadella contatei meus ex-alunos e lhes disse que estava começando esse curso de formação ligado a uma escola internacional, e assim se formou a primeira turma, que foi muito importante.

Depois de muitos anos trabalhando também em Israel, em Portugal e em outros lugares onde também costumo lecionar, como o Japão e a República Tcheca, decidi abrir a minha escola no Rio de Janeiro. Comecei a divulgá-la em alguns jornais onde publicava artigos, e então começaram a vir pessoas: foi a primeira turma da Escola de Biossíntese do Rio de Janeiro. Hoje, muitos dos meus ex-alunos são monitores da escola ou meus assistentes.

E em que base se dá essa formação? Você pode falar um pouco de carga horária, disciplina, etc.?

A formação segue o programa estabelecido pelo David e pela Silvia Boadella, o mesmo que é ensinado em Heiden. São 10 encontros anuais, durante quatro anos. Cada encontro abrange um fim de semana, onde trabalhamos por cinco horas na sexta feira, oito no sábado e mais cinco no domingo — totalizando 18 horas. São três anos de curso básico e mais um de supervisão em psicoterapia. O trabalho é bastante vivencial, porque é um processo formativo, de autoconhecimento do terapeuta, onde os temas os vão afetando e nós teorizamos sobre isso. É um processo desestruturante e reestruturante, e por isso é importante que as pessoas estejam em terapia.

E qual o pré-requisito estabelecido por você para aceitar uma pessoa na sua turma de formação?

Em primeiro lugar, o candidato precisa ter um curso superior. Preciso também manter na turma uma porcentagem grande de pessoas da área psi — porque a escola tem uma ligação com o Conselho Regional de Psicologia —, mas nem sempre a pessoa que tenha passado por uma formação universitária como psicólogo é a que tem mais vocação para se tornar um psicoterapeuta. Levo também em conta a maturidade, o processo de autoconhecimento, o tempo que a pessoa fez de terapia, sua saúde mental e flexibilidade.

Você coordena outros centros de Biossíntese em Israel e Portugal. Como foi o surgimento deles? Como é seu trabalho nesses lugares?

No anos 1970, e até 1986, o David viajou por mais de 80 países, deixando pequenas bases de seus trabalhos em diversos lugares. Quando a segunda geração que se formou com ele — da qual faço parte — se disponibilizou para começar a viajar, fomos atrás dessas bases. Como eu estava interessada em ir para Israel, falei com o David, pois sabia que ele havia estado lá duas vezes, e então fui, mas o começo é sempre um trabalho pioneiro, onde você desbrava, como os bandeirantes. Depois de muitos anos é que você consegue institucionalizar. Em Portugal ocorreu a mesma coisa: onde não havia nada eu mesma comecei a plantar pequenas sementes, e hoje temos um centro muito bom em Lisboa, funcionando desde 1992.

E você continua viajando regularmente para as aulas de formação nesses lugares?

Sim. Para formação e para prosseguir me reciclando com David e Silvia.

E o trabalho que você faz no Japão?

Eu dava aulas por lá porque temos um centro de Biossíntese no Japão e eu era uma das professoras; também na República

Tcheca, no Chile, na Argentina, e no Brasil em vários lugares: São Paulo, Bahia, Paraná, em várias cidades do Nordeste, em Brasília. São centros dirigidos por outras pessoas, mas dos quais costumo participar como professora.

E ao atuar como terapeuta em culturas tão diferentes, como Japão e Israel, Brasil e República Tcheca, até que ponto você diria que a cultura de um país é capaz de determinar o comportamento das pessoas?

Bom, penso que por ter conhecido diversas culturas sou hoje uma terapeuta melhor. Na verdade sempre viajei muito; e essa experiência transcultural te traz muita flexibilidade e a consciência de que tudo é relativo. Podemos viver uma série de fenômenos de forma inteiramente diferente, mesmo em relação ao fato de ser judia. Pertencer à segunda geração de sobreviventes da Segunda Guerra é totalmente distinto no Brasil, um país mais jovem, mais novo, menos imerso em toda essa cultura antijudaica, ou seja, o que parece absoluto também é relativo, e esta percepção te ensina a tolerância com as diferenças. Há ainda outro ganho muito importante: ao me sentir uma viajante, estou consciente de que a qualquer momento não estarei mais onde estou agora, de que estamos todos de passagem. E nos esquecemos disso, vivendo o tempo todo como se fôssemos eternos.

Dizem que, quando nos defrontamos com a morte, um filme de nossa vida passa em nossa cabeça. Nos seus últimos momentos, quais cenas você acredita que iria rever?

Pensei em Mauá: eu, no meio do mato. Também no parto dos meus filhos. De repente, eu conseguindo ver minha mãe, meu pai me dizendo que, se pudesse, teria sido diferente — acho que foi um *take* dele. E, quem sabe, na minha trajetória como terapeuta, na gratidão por ter tido este espaço de evolução. Sinto que sou muito grata a isso.

Esta obra foi composta em Minion 11/13,1.
Impressa com miolo em offset 75g e capa em cartão 250g,
por Createspace/ Amazon.

www.ingramcontent.com/pod-product-compliance
Lightning Source LLC
Chambersburg PA
CBHW050357280326
41933CB00010BA/1504